160 Questions sur la Kabbalah

Réponses à vos questions et plus ...

Rav Raphael Afilalo

Du même auteur

La Kabbalah du Ari Z'al, selon le Ramhal
Editions Ramhal

Dictionaire de Kabbalah
Kabbalah Editions

Kabbalah Glossary
Kabbalah Editions

Concepts de Kabbalah
Kabbalah Editions

Kabbalah Editions, 2006 – www.kabbalaheditions.com
www.arizal.com
www.kabbalah5.com
rav@kabbalah5.com
26raphael@gmail.com

Afilalo, Raphael
    160 Questions sur la Kabbalah: Réponses à vos
    questions et plus / Raphael Afilalo
p.cm.

ISBN 2923241185

1.Cabala. 2. Mysticism—Judaism. I. Afilalo, Raphael. II..
BM525. BM723 2006
296.1'6

ב"ה

MORDECHAI ELIAHU
FORMER CHIEF RABBI OF ISRAEL & RISHON LEZION

מרדכי אליהו
הראשון לציון והרב הראשי לישראל לשעבר

בס"ד

APPROBATION

[illegible]

RABBI DAVID HANANIA PINTO
Rehov Bayit Vegan 97
Jerusalem • Israël
Tel: (972-2) 643 3605
Fax: (972-2) 641 3945 • 643 3570

דוד חנניה פינטו
רחוב בית וגן 97
ירושלים • ישראל
טל. 026433605
פקס. 026433570 026413945

בס"ד

בע"ה יום חמישי לסדר "וישב" תשס"ו

שלום וברכה

המלצה

באתי בזאת להמליץ על הספר "*Kabalah Dictionary*" (מילון הקבלה) שכתב הרב רפאל אפללו שליט"א. בספר הנ"ל יש הגדרות ומונחים על קבלת הרמח"ל זיע"א הכל מסודר בצורה נאה ונוחה ללימוד ולעיון בו.

לאור ההמלצות הרבות שקיבל הספר, נשאר לי רק להמליץ עליו בכל לב.

אני מברך בזכות אבותי הקדושים זיע"א את המחבר שליט"א לברכה והצלחה ושיזכה להוציא מתחת ידיו עוד ספרים לזכות הרבים ושיעלה מעלה בתורה וביראת שמים. אמן

ע"ה דוד חנניה פינטו ס"ט

[illegible]

מוסדות שהוקמו ע"ש הרה"צ הקדוש
כ"ק האדמו"ר
רבי חיים פינטו זיע"א
בנשיאות ע"ה
דוד חנניה פינטו
בן הרה"צ כמוהר"ר
רבי משה אהרן
פינטו זיע"א

ישיבת נפש חיים
כולל אורות חיים ומשה
כולל משכן בצלאל
רחוב בית וגן 97
ירושלים • ישראל
טל. 02 643 3605
פקס. 02 643 3570 • 02 641 3945

מוסדות אורות חיים ומשה
רחוב האדמו"ר מבלזא 41/7
אשדוד • ישראל
טל. 08 851 1527
פקס. 08 852 4155

OHR HAÏM VÉMOCHÉ
11, Rue Du Plateau
75019 Paris • France
Tel: (33-1) 42 08 25 40
Fax: (33-1) 42 06 50 85

YÉCHIVA PINTO
20 Bis, Rue Des Mûriers
69100 Villeurbanne
France
Tel: (33-4) 78 03 89 14
Fax: (33-4) 78 68 68 45

JERUSALEM • ASHDOD • PARIS • LYON • MONTREAL • TORONTO • BUENOS AIRES • MANCHESTER

בס"ד.

הרבנות הראשית רמלה

לשכת הרב אבוחצירא רחוב גולומב 25 רמלה טל. 08-9225360
YEHIEL ABEHSSERA
Grand Rabbin de Ramleh
B.P.4 Ramleh
(ISRAEL)

יחיאל אבוחצירא
[illegible]

רחוב הרצל 45 ת.ד 4 רמלה טל. בית 08-9221122

אגרת ברכה

[illegible]

בברכת התורה ולתעודה
יחיאל אבוחצירא
הרב הראשי לרמלה

[illegible]

בס"ד

DAVID R. BANON
RABBIN DU CENTRE SÉFARADE DE LAVAL
MEMBRE DU BEITH DIN DE MONTRÉAL

דוד רפאל באנון
רב"ק של הקהילה הספרדית בלאבאל
חבר בית הדין במונטריאל

[illegible]

4773, RUE CLÉMENCEAU – CHOMEDEY LAVAL – P.Q. H7W 2J8 – CANADA TEL.: (450) 681-5412 FAX: (514) 341-0864

À ma fille Miriam

Table des matières

ÉTUDE DE LA KABBALAH – 22 Questions 35

PARTSOUFIM – 18 Questions.................................77

DIRECTION – 8 Questions..89

Introduction

Pendant les cours ou conférences donnés dans divers endroits et pour différents types d'auditeurs, je me suis souvent rendu compte que les gens avaient beaucoup de questions sur la Kabbalah. Parfois, la durée de temps accordée aux questions était encore plus longue que la conférence elle-même. Il s'est même souvent produit que nous ayons dû mettre un terme à la période de questions qui se prolongeait tardivement.

J'ai remarqué que des questions générales au sujet de la Kabbalah étaient reposées à plusieurs reprises, ainsi que des questions plus spécifiques sur l'homme, le Créateur, les rituels juifs, la vie et la mort, etc. En outre, des questions plus précises étaient également posées par des étudiants plus avancés au sujet de la création ou de la direction.

Dans ce livre, j'ai essayé dans un langage simple et concis, de répondre à la plupart de ces questions. J'ai également ajouté à la fin un glossaire général pour d'autres termes et concepts souvent rencontrés dans la Kabbalah. Pour des explications plus profondes sur ces termes et concepts, je suggère le «Kabbalah dictionary[1]» ou le «Kabbalah concepts[2]» comme deuxième étape.

Je voudrais remercier mon épouse Simona pour sa patience et ses encouragements, ainsi que mon frère Armand pour son amitié et appui constant.

---

[1] Kabbalah dictionary, Rav Raphael Afilalo, Kabbalah Editions
[2] Kabbalah concepts, Rav Raphael Afilalo, Kabbalah Editions

KABBALAH GÉNÉRALE

28 Questions

1 Que signifie le mot Kabbalah?

Le mot Kabbalah a sa racine dans le verbe Hébreu Lekabel - recevoir. Il peut également signifier accepter ou être accepter.

2 Qu'est-ce que la Kabbalah?

La Kabbalah est la sagesse mystique et ésotérique juive. Elle enseigne le déploiement des mondes, les diverses manières de direction de ces mondes, le rôle de l'homme dans la création, la volonté du Créateur et ainsi de suite. Aucun autre écrit n'explique dans les détails la création de ce monde et de ceux au-dessus de lui, les lumières ou énergies qui influencent sa direction, ni l'objectif final de tout. Ces écrits sont basés sur la Torah, sur des anciens et plus nouveaux textes juifs, et principalement sur le Zohar.

3 Que signifie "recevoir"?

Kabbalah vient du verbe Lekabel (recevoir), mais pour recevoir, il est d'abord nécessaire de vouloir, et de devenir un *Keli* (récipient) capable de recevoir et de contenir cette connaissance. Il faut aussi mériter et être accepté pour recevoir cette connaissance et la garder en vivant dans le chemin de la Torah et de la rectitude, afin de constamment se renforcer.

4 Quels sont les sujets traités dans la Kabbalah?

À part les sujets principaux couverts dans la Kabbalah, tels que le déploiement des mondes et leurs direction, la véritable signification et le but des *Mitsvot* et des prières, elle comporte nombre d'autres sciences telles que: astrologie, cosmologie, Gematria, métaphysique, démonologie, physionomie, chiromancie, alchimie, réincarnation, exorcisme, prophétie etc...

5 Quels sont les écrits qui font la Kabbalah?

La base de toutes les écrits de Kabbalah est le Zohar ; écrit au deuxième siècle par Rabbi Shim'on Bar Yo'hai. D'autres écrits importants sont le "Sepher HaYetsira" - le livre de la formation, " Kitve HaAri "- les écrits du Ari Z'al etc... Tous ces écrits essaient d'expliquer et commenter les secrets cachés dans les récits et textes de la Torah.

6 Qu'est-ce que la "Kabbalah pratique"?

C'est "l'autre" type de Kabbalah ou des noms ou combinaisons de noms d'anges sont employés avec des signes ou incantations particulières, parfois écrits sur du parchemin, pour invoquer certaines puissances et pour changer l'état normal des choses.

7 Quelle est l'histoire de la Kabbalah?

Le premier livre qui mentionne un système de dix lumières appelées *Sephirot* est le "Sepher HaYetsira" - le livre de la formation, il est attribué à Avraham Avinu (Aprox. 1750 B.c.e)

Au deuxième siècle, Rabbi Shim'on Bar Yo'hai a composé le Zohar qui est l'explication ésotérique et mystique de la Torah et la base de la plupart des écritures de Kabbalah.

Au douzième siècle, après avoir disparu pendant environ mille ans, le livre du Zohar est retrouvé et imprimé par Rabbi Moshe de Leon en Espagne.

En Europe durant les douzièmes et treizièmes siècles, dans les villes de Provence en France, Gerona en Espagne et Worms en Allemagne ont été formés trois des principaux centres de Kabbalah de cette période. C'est également la période "de la Kabbalah prophétique" tel qu'enseignée par Rabbi Abraham Abul'afia.

Après l'expulsion d'Espagne en 1492, a été fondé dans la ville de Tsfat en Israel, une école nommée "nouvelle Kabbalah" ou "Kabbalah de Tsfat", c'est la période d'or de la Kabbalah ; sous Rabbi Its'hak Luria Ashkenazi,   le Ari Z'al.

Pendant le 16ème siècle avec la venue de Shabbetai Tsevi qui était appelé le "Messie Kabbaliste", la communauté juive fut divisée entre ses disciples et les "non-croyants". Après s'être converti à l'Islam, ce faux Messie causa une grande déception et méfiance envers les enseignements de la Kabbalah.   Les autorités rabbiniques d'alors devinrent encore plus sévères à l'égard de l'étude de la Kabbalah et certains furent même persécutés pour avoir étudié ou écrit sur ce sujet.

Pendant les dix-septième et dix-huitième siècles, la Kabbalah devient plus populaire en Europe de l'est avec les mouvements de 'Hassidisme. Leur fondateur; le Ba'al Shem Tov et d'autres, essaient de donner la possibilité à chaque juif de se rapprocher de son Créateur, en devenant plus spirituel et en étudiant avec plus de profondeur.

Au début de ce siècle, Rabbi Yehudah Ashlag traduit tout le Zohar de l'Araméen à l'hébreu, ceci permit une diffusion encore plus grande de ses enseignements.

8 Qu'est-ce qu'un Kabbaliste?

Tel que dit plus haut, le mot Kabbalah vient du verbe Lekabel (recevoir), mais pour recevoir, il est d'abord nécessaire d'être préparé, et être un *Keli* (récipient) capable de recevoir et de contenir cette connaissance.

Un Kabbaliste est une personne qui est acceptée pour recevoir cette connaissance et qui peut la retenir en vivant dans un chemin de rectitude et de Torah afin de se renforcer constamment. Il est une personne spirituelle qui donne la plus grande importance aux significations plus profonde des choses, et qui essaie continuellement d'avancer dans son étude. Pour lui, le but principal de cette existence est de se rapprocher au maximum de son Créateur et de le servir au meilleur de ses possibilités.

9 Quels sont quelque-uns des plus importants Kabbalistes?

Rabbi Shim'on Bar Yo'hai qui vécut en Galilée au deuxième siècle. Il composa le Zohar qui est l'explication ésotérique et mystique de la Torah et la base de la plupart des écrits de Kabbalah.

Rabbi Moshe de Leon qui réimprima le Zohar après qu'il ait disparu pendant mille ans. (1270)

Les dirigeants des trois écoles de Kabbalah en Europe: Rabbi Its'hak l'aveugle en France, Rabbi Ezra de Gerona en Espagne et Rabbi El'azar de Worms, en Allemagne. (1200)

Rabbi Abraham Abul'afia et Rabbi Yosef Giktalia. Ils créèrent l'école de "Kabbalah prophétique". (1200 - 1300).

La première génération de Kabbalistes de Tsfat en Israel: Rabbi Moshe Kordovero, Rabbi Shlomo Alkabetz et Rabbi Yoseph Karo. Après cette génération, Rabbi Its'hak Luria Ashkenazi; l'Ari Z'al devint le principal Kabbaliste de Tsfat. Il expliqua et clarifia tous les concepts principaux de la Kabbalah, et innova également dans l'explication des *Sephirot* et *Partsoufim* (configurations). Il est l'auteur du corpus "'Ets 'Haim" qui est aujourd'hui la référence principale dans la Kabbalah. (1500)

Le Ba'al Shem Tov qui fut le fondateur du mouvement 'Hassidique, ses enseignements ont été en grande partie basés sur les enseignements de la Kabbalah du Ari Z'al, mais son approche rendit ces enseignements accessibles même au juif le plus simple.

D'autres importants Rabbins qui fondèrent leurs propres mouvement de Hassidisme sont Rabbi Na'hman de Breslev ; petit-fils du Baal Shem Tov, Rabbi Shneur Zalman de Liadi ; le "Ba'al HaTanya" ; fondateur du mouvement de 'Habad Lubavitch. (1600 - 1700).
Rabbi Moshe 'Haim Luzzatto - Ram'hal qui habita l'Italie et Amsterdam. Il était un auteur très prolifique et a écrit sur tous les aspects de la Torah et de la Kabbalah, mais en raison de fausses accusations, il fut tristement persécuté pendant la majeure partie de sa courte vie. (1700)

Rabbi Eliyahu de Vilna - le Gaon de Vilna qui vécut en Lithuanie. Il était un des chefs principaux des "Mitnagdim" (adversaires du mouvement Hassidique). Il est considéré comme un des principaux érudits de la Torah et de la Kabbalah des deux derniers siècles. (1700)

Rabbi Shalom Shar'abi - Le Rashash. Il est connu comme le "maître des Kavanot". Son "Siddour HaRashash" est le Siddour utilisé par plusieurs Kabbalistes dans leurs prières journalières et est basé sur les Kavanot du Ari Z'al. (1700)

Rabbi Ya'acov Abe'htsera était un Kabbaliste renommé pour sa piété et pour la réalisation de miracles. Il composa des travaux sur toutes les facettes de la Torah, incluant des commentaires importants sur les explications Kabbalistiques de la Torah. (1800)

Rabbi 'Haim Ben 'Atar - Or Ha'Haim. Le Ba'al Shem Tov était convaincu que le Or Ha'Haim était le Mashia'h de cette génération. Son travail principal est le commentaire sur la Torah; "Or Ha'Haim" où il commenta la Torah selon les quatre niveaux de compréhension, du *Pshat* (simple), au niveau le plus profond selon la Kabbalah. (1800)

Rabbi Yosef 'Haim - Le Ben Ish 'Hai. Il était un auteur prolifique qui écrivait à une vitesse incroyable. Il est dit qu'il finissait d'écrire une page avant que l'encre au-dessus de cette page ait séché. Il expliqua les *Halakhot* (lois) au niveau Kabbalistique, mais dans un langage accessible. (1900)

Rabbi Yehoudah Ashlag. Son travail principal est la traduction de tout le Zohar de l'Araméen à l'Hébreu ("HaSulam"). (1950)

Cette liste n'est pas exhaustive, mais chacun de ces grands érudits de la Kabbalah apporta ses propres explications et innovations à la Kabbalah.

10 Que penser de Madonna, Kabbalah et show business?

Pour certains, Kabbalah est devenu un mot "du show business". Si vous apprenez la Kabbalah, vous appartenez au même cercle d'amis que Madonna, Britney Spears, Demi Moore, Elizabeth Taylor etc.

Aujourd'hui, eux comme d'autres personnalités du show business prétendent étudier le mysticisme juif : la Kabbalah.

Dans une interview récente à CNN, Madonna a déclaré : "Je suis une Kabbaliste, il y a définitivement une approche Kabbalistique à la vie, ou un point de vue Kabbalistique…"

Est-il possible d'étudier la Kabbalah aussi facilement et prétendre être un Kabbaliste? Ou cet enchantement actuel manifesté par Madonna et d'autres, serait-il plutôt momentané, sachant l'intensité et l'investissement nécessaires exigés pour étudier la Kabbalah authentique.

Vouloir se rapprocher de D-ieu est très noble, et ceci, quelle que soit l'origine ou la religion. Je doute que Madonna et les autres vedettes attirées par le mysticisme juif soient mal intentionnées puisque cette dernière a déclaré : "Je pense aussi, que tous les chemins mènent à D.ieu". Le problème se situe au niveau des personnes qui prétendent montrer à ces chercheurs de vérité "la voie" et qui prennent (beaucoup de) leur argent en passant. Lorsque l'on voit Madonna projeter en arrière-scène de son spectacle des noms Hébreux de D.ieu (qui sont si sacrés, que l'on ne doit pas même les prononcer), nous pouvons nous poser la question à savoir si elle est consciente de la gravité de ses actes.

Si Madonna affirme être Kabbaliste, elle ne l'est certainement pas. Si ses professeurs lui ont affirmé en être une, ces derniers ne se basent sur aucun standard reconnu, et je pense personnellement que l'on prend avantage de sa renommée. Car, si elle veut vraiment apprendre la Kabbalah authentique, elle devrait lui être enseignée très différemment. Quand même, sa contribution principale est de faire prendre conscience qu'il existe un très beau et puissant mysticisme juif.

11 Qu'est-ce que « l'Arbre de vie » ?

Pendant la nuit, «l'Arbre de vie» monte plus haut et cède la place à «l'Arbre de la mort» qui régit. Selon le Zohar, le matin la gouvernance est donné à l'Arbre de vie, ainsi toutes les âmes retournent dans les corps des hommes qui reprennent vie. (Zohar, Bamidbar)

C'est également le nom des importants écrits du Ari Z'al.

12 Qu'est-ce que « l'Arbre de la mort » ?

Pendant la nuit dès que « l'Arbre de vie » monte plus haut, les âmes quittent les corps et «l'Arbre de la mort » régit.

13 Qu'est-ce que « ATBaSH » ?

C'est la permutation des lettres d'un mot pour comprendre ses significations cachées. La première lettre est remplacée par la dernière, la seconde par l'avant dernière etc.
א par ת - ב par ש etc.

14 Qu'est-ce que « Notrikun » ?

Notrikun est une méthode d'interprétation dans laquelle les initiales de différents mots font un nouveau mot.
אל מלך נאמן =אמן

15 Qu'est-ce qu'un Kmi'a (amulette) ?

Noms, ou combinaisons de noms d'anges avec des signes ou incantations particulières, écrits sur un parchemin pour se protéger, ou pour invoquer certaines puissances.

En écrivant diverses permutations de lettres ou des noms d'anges, on pourrait faire agir ces forces supérieures selon une certaine volonté. Il y a danger à employer ces noms sans une préparation appropriée et une bonne connaissance de leurs forces et limites.

16 Pourquoi y a t-il libre-arbitre pour les hommes ?

Puisque l'intention du Créateur est d'accorder Sa bonté à Ses créatures, tous les niveaux de la création furent mit en place afin que Sa bonté puisse leur être émanée; cependant, d'une manière qu'ils puissent la recevoir.

Une rigueur complète serait la destruction de tout ce qui n'est pas parfait, alors que la bonté complète permettrait tout sans restrictions. Cependant, ces deux aspects sont nécessaires pour faire la direction actuelle qui est basée sur la bonté et la justice et pour donner à l'homme la possibilité de servir le Créateur selon sa libre volonté.

Après la *Shvirat Hakelim* (brisure des vases), avec l'émanation des lumières de l'aspect des noms de *MaH* (45) et de *BaN* (52), D.ieu aurait put faire le *Tikoun* (réparation) de tous les mondes, mais alors, il n'y aurait pas eu de raison pour la participation de l'homme dans ce *Tikoun* et aucune possibilité d'acquérir un mérite.

Pour que l'homme puisse avoir une possibilité d'agir et réparer la création, D.ieu retint, d'une certaine manière, Son déversement de bonté à ce monde, afin de donner à l'homme le mérite de faire le *Tikoun* de son libre choix. Ce n'est que par leur libre choix de se rapprocher de leur Créateur et d'apprendre Sa volonté, que les hommes peuvent mériter leurs places dans les mondes supérieurs lorsqu'ils y montent.

17 Qu'est-ce que la bonne et mauvaise impulsion chez l'homme ?

Le *Yetser Hatov* correspond à la bonne ou positive impulsion chez l'homme, le *Yetser Hara'*, à sa mauvaise ou négative impulsion.

Les actes positifs de l'homme ont un effet sur les quatre mondes supérieurs, ses mauvais actes ; sur les quatre mondes inférieurs. Ce n'est que quand l'homme pèche, que le côté négatif peut se renforcer. Cet aspect négatif qui se développe aussi à l'intérieur de lui ; c'est son *Yetser Hara'*, il le détache des mondes supérieurs, et le déracine de la *Kedousha*.

Ce mauvais penchant essaie presque constamment le séduire et de le faire trébucher, alors que le bon penchant, à l'opposé, essaie de l'attirer à la Torah et aux *Mitsvot* afin de l'aider à faire le *Tikoun* (rectification) de son âme.

Les deux aspects de *Yetser Tov* et de *Yetser Hara'* ont été créés pour permettre à l'homme de choisir sans contrainte, et de faire le bien par son libre choix.

18 Qu'est-ce que le jardin d'Éden ?

C'est la destination finale et l'endroit de repos pour les *Neshamot* (âmes) qui l'auront mérité, après avoir quitté leurs corps physiques. Il y a un *Gan 'Eden* plus bas, et un plus élevé.

19 Qu'est-ce que Gan 'Éden inférieur ?

Dans le Gan 'Éden moins élevé, les *Neshamot* (âmes) jouissent des plaisirs spirituels mais ont toujours un corps spirituel ressemblant à leurs anciens corps.

20 Qu'est-ce que Gan 'Éden supérieur ?

Dans le Gan 'Éden plus élevé, les *Neshamot* (âmes) jouissent de purs plaisirs spirituels, et n'ont plus d'image spirituelle ressemblant à leurs anciens corps.

21 Que signifie le temps dans la Kabbalah ?

Il y a une dimension plus élevée, au-delà de notre entendement, où il n'y a pas de notion appelée temps. Passé, présent et futur, ne font qu'un. L'homme étant une entité limitée physiquement et temporellement, il n'est pas possible pour lui de comprendre ou saisir cette réalité.

Tout, passé, présent et futur ont un but et une raison et à la fin, le pourquoi de tout ce qui est, et qui se produit, sera clair et compréhensible.

22 Quelle différence y a t-il entre chaque jour ?

Chaque nouveau jour est d'une nouvelle émanation qui le régit. Pour chaque jour, il y a de nouvelles unions des différentes configurations (*Zeir Anpin* et *Noukva*).

Chaque jour, selon les actions de l'homme, les prières pendant la semaine, le Shabbat ou les jours de fêtes, ainsi que selon le temps, ces diverses configurations ont des unions différentes, et donc des résultats d'abondance d'intensités variables.

Chaque jour peut également être décrit en terme de permutation des noms de D.ieu et par les diverses *Sephirot* et configurations qui régissent en ce jour.

23 Qu'est-ce qu'un Yi'houd (unification) ?

Un *Yi'houd* est l'unification de noms ou de lettres ayant pour but de provoquer une action ou réaction spécifique. Dans son livre "*Sha'ar Roua'h HaKodesh*" le Ari Z' Al explique la signification des *Yi'houdim*, leurs différentes actions et avertit également du danger d'employer ces noms sans préparation appropriée. En se concentrant sur les diverses permutations des lettres ou des noms d'anges, il est possible d'influencer ces forces supérieures à agir selon notre volonté.

L'union des *Sephirot* et des configurations pour le déversement d'abondance est aussi appelée *'Yihoud*.

24 Y a-t-il création à partir du néant ?

Il existe une force spéciale appelée « *Tsu' r T'aK* » qui a la puissance de créer des entités séparées à partir du néant.

Cette force n'est pas reliée aux *Sephirot*, elle fut en premier expliquée dans l'écrit Kabbalistique le plus ancien ; « *Sepher HaYetsrira* ». Ce n'est qu'une fois créée que la direction est prise en charge par les *Sephirot*.

25 Comment chaque juif est-il garant pour son prochain ?

"*Kol Israel 'Arevim ze la ze*", chaque juif est un garant pour son prochain. La majorité des *Tikounim* (rectifications), tel qu'expliqué dans la Kabbalah ne sont pas réalisés par un, mais plutôt par les actions de plusieurs. La *Geoulah* (libération) ne se réalisera qu'en raison des efforts de tout Israel.

26 Comment l'homme est-il à l'image céleste ?

L'homme est à l'image de l'arbre *Sephirotique* et des lumières supérieures, son âme contient 613 parties et il a 248 membres et 365 veines pour un total de 613. Également, une *Sephira* ou un *Partsouf* – configuration comprend 613 forces ou lumières principales qui se subdivisent en beaucoup de parties. Cette structure est également semblable à la Torah, qui comprend 248 commandements positifs et 365 négatifs.

27 Qu'est-ce que le nom de 72 ?

Le nom de `AV (72) est fait de soixante-douze triplets de lettres à partir de trois versets de la Torah.   Il est insinué dans le livre de Shemot chapt 14, des trois versets 18, 19, 20, lesquels ont 72 lettres chacun. De ces trois versets, nous prenons la première lettre du verset 18, la dernière lettre du verset 19, la première lettre du verset 20 – premier triplet, la seconde du verset 18, l'avant dernière du verset 19 et la seconde du verset 20 – deuxième triplet, et ainsi de suite pour finalement obtenir 72 triplets.   Chacun de ces triplets de lettres, tel qu'expliqué dans le Zohar, a des puissances particulières.

28 Quels sont les différents niveaux de prophétie ?

La prophétie provient de la *Sephira Netsa'h* ou la de *Sephira Hod*. Ces *Sephirot* ont trois parties chacune. La différence entre les niveaux des prophètes dépend de laquelle de ces trois parties de ces *Sephirot* la prophétie est reçue.

ÉTUDE DE LA KABBALAH

22 Questions

29 Qu'apprenons-nous dans la Kabbalah ?

Dans la Kabbalah nous apprenons comment et pourquoi D.ieu a créé le monde, de quelle manière Il le dirige, la provenance des âmes et des anges, le but de l'existence du mal, les systèmes qui sont mis en place pour la direction des mondes, et plus.

Elle nous enseigne en outre le déploiement des mondes, les diverses puissances d'influence sur ces mondes, le rôle de l'homme dans la création, la volonté du Créateur et ainsi de suite. Elle explique en détails les différentes lumières ou énergies qui font la direction et comment l'homme influence ou y contribue. L'objectif final de l'homme et de la création.

La Kabbalah nous explique que le monde est guidé par un système extrêmement complexe de forces ou de lumières qui, par leurs interactions, provoquent des réactions en chaîne qui influent directement sur l'homme et les mondes. Chacune de ces réactions a de nombreuses ramifications, avec beaucoup de détails et résultats.

La Kabbalah nous démontre également l'importance de l'homme, car seulement lui, en se rapprochant de son Créateur, peut influencer ces incroyables forces. Pour cela, il doit s'élever à une dimension plus élevée de compréhension et commencer à se poser certaines questions très importantes tel que : « Pourquoi ? », « quel est le but de faire cet acte ou cette prière ? », « quels sont les résultats de mes actions ? » etc.

Dans la Kabbalah, on peut trouver toutes ces réponses, en plus des raisons exactes et les effets de toutes nos prières et actions. Ainsi, quand l'homme décide qu'il veut connaître son Créateur, en apprenant cette science il s'élève à un niveau d'action et de compréhension supérieur qui le fait vivre et ressentir une relation plus intense avec son Créateur. Ce qui l'amènera à réaliser sa petitesse comparée à ses incroyables forces, la perfection du Seigneur et Son amour infini pour Ses créatures.

30 Comment commencer à apprendre la Kabbalah ?

La première étape est d'apprendre la Torah, les *Halakhot* - lois, les différentes prières, adopter un comportement adéquat et développer une bonne connaissance de l'Hébreu. La deuxième étape est de trouver un rabbin expérimenté et érudit pour étudier et être guidé.

31 Pourquoi devrais-je apprendre la Kabbalah ?

Premièrement, pour comprendre ce qui est attendu de moi, comment je peux mieux accomplir Ses commandements, le but de mes prières et actions. Deuxièmement, pour me rapprocher de mon Créateur en apprenant Ses voies et les différentes émanations de Ses lumières et puissances dans ce monde et les autres. Troisièmement, pour « connecter» avec D.ieu, en approfondissant ma compréhension de Sa présence et Ses actes dans cette existence, pour avoir une vie spirituelle plus pleine et pour trouver signification à nos vies. Par l'étude de la Kabbalah, on peut atteindre un véritable niveau de connaissance et d'une certaine manière

« décoder » les profonds secrets de cette existence qui se trouvent à l'intérieur de notre sainte Torah.

32 Qu'ont déclarées les autorités rabbiniques au sujet de l'apprentissage de la Kabbalah ?

Rabbin Shneur Zalman de Liadi, (B'al HaTania), le fondateur du mouvement de Lubavitch a déclaré :

« La connaissance de la Kabbalah n'était pas révélée pendant ces périodes et cachée pour tous ces « *Talmide `Hakhamim*[3] », à l'exception de peu, et encore là, en petits groupes et non en public comme pour la Gemarah. Mais comme le Ari Z' al écrit ; spécialement maintenant pour ces dernières générations, il est permis et c'est même une « *Mitsva* » de révéler cette science. » . (Agarot HaKodesh, 26)

Le Gaon de Vilna dit :

« Celui, qui pouvait apprendre les secrets de la Torah (Kabbalah) et n'a pas fait l'effort de les comprendre sera sévèrement jugé ». (Shelomoh 85, 24)

« Pour cette raison, l'esprit de Moshia' h part et ne vient pas pour la délivrance... Quand nous nous n'étudions pas cette science (Kabbalah), sa venue est retardée. »
(Commentaire de Tikoune HaZohar, 81, 92)

---

[3] Érudits

Harav Avraham Azulay (grand-père du `Hidah[4]) déclara:

« Ce qui avait été décrété d'en haut, de ne pas étudier la Kabbalah ouvertement, était pour un temps limité, jusqu'à la fin de l'année 5260[5]. De là et par après, elle a été permise, et de l'année 5300[6] on a décrété que c'est une « *Mitsva* » (commandement) que vieux et jeunes devraient l'étudier. Pour le mérite de l'étudier et pour aucun autre mérite, le Moshia' h viendra. (Or ha' Hamah, introduction)

33 Qu'est-ce que le Zohar déclare au sujet de l'étude de la Kabbalah ?

Toutes les âmes de ce monde qui feront l'effort de connaître leur Créateur par ses écrits secrets (Kabbalah), monteront plus haut que toutes les autres âmes qui n'ont pas étudié et n'ont pas compris, et seront les premières à l'heure de la résurrection. (Zohar, Vayeshev, 182, 2)

L'homme qui étudie la Kabbalah est au-dessus de tous les autres. (Zohar, Shemini, 42, 1)

Celui qui étudie la Kabbalah pour comprendre les secrets de la Torah et le but des Mitsvot selon le Sod[7], est appelé un « fils » du seigneur. (Zohar, Vayera)

---

[4] Une autorité Rabbinique reconnue par tous
[5] 1500
[6] 1540
[7] Secret – signification Kabbalistique

34 Pourquoi l'étude de la Kabbalah a t-elle été découragée par certains ?

Toutes les autorités rabbiniques ont toujours convenu sur l'ultime importance et la véracité de la Kabbalah, elles n'ont juste pas convenu sur la façon de disséminer cette connaissance. Certains ont insisté que l'on ne devrait permettre qu'à un groupe très sélectif d'apprendre la Kabbalah, et seulement après avoir atteint un niveau élevé de pureté et de compréhension de tous les autres écrits. D'autres crurent plutôt qu'elle devrait être plus accessible et enseignée à la plupart des juifs.

Pendant le 16ème siècle avec la venue de Shabbetai Tsevi[8] qui était appelé le « Messie Kabbalistique », la communauté juive fut divisée entre ses disciples et les « non-croyants ». Après s'être converti à l'Islam, ce faux Messie causa une grande déception et méfiance envers les enseignements de la Kabbalah. Les autorités rabbiniques d'alors devinrent encore plus sévères envers l'étude de la Kabbalah, et certains furent même persécutées pour l'étudier ou écrire sur le sujet.

35 N'est t-il pas interdit d'étudier la Kabbalah avant l'âge de quarante ans ?

Ce décret fut annulé il y a environ 450 ans, tel que confirmé et écrit par le Rav Avraham Azulay : « Ce qui avait été décrété d'en haut ; de ne pas étudier la Kabbalah ouvertement, n'était que pour un temps limité, jusqu'à la fin de l'année 5260. De là et après, elle a été permise, et à

---

[8] 1626 - 1676

partir de l'année 5300 il a été décrété que c'est une « *Mitsva* » (commandement) que vieux et jeunes devraient l'étudier. (Ou ha' Hamah, introduction)

En outre, deux des plus importants Kabbalistes de tous les temps ; le Ari Z' al et le Ram'hal commencèrent très jeunes, puisque les deux décédèrent avant l'âge de quarante ans.

36 Les femmes peuvent-elles étudier la Kabbalah ?

Je n'ai personnellement jamais vu d'interdiction écrite par les principaux maîtres de la Kabbalah, interdisant aux femmes d'étudier la Kabbalah. Certains disent même que les femmes auraient une sensibilité accrue pour comprendre cette science.

37 Les non juifs peuvent-ils étudier la Kabbalah ?

Les non juifs qui sont attirés par la Kabbalah pourraient y trouver un discernement « intellectuel » dans ses concepts et un sentiment de bien-être par ses valeurs, mais n'ont aucune participation directe dans sa réalisation, puisqu'ils n'observent pas ses relations directes avec les commandements de la Torah et des prières. Par exemple ; en priant trois fois un jour, nous participons à l'unification des lumières ou des énergies particulières pour la direction du monde; en observant le Shabbat cette participation est augmentée. Nos rituels correspondent donc à des actions très particulières qui sont réfléchies sur ces énergies.

Toutes les autres rituels ou commandements de la Torah sont également en relation directe avec ces lumières ou énergies, qui sont responsables de la direction et la manifestation de la présence de D.ieu. C'est pour cela que dans l'histoire, tous les principaux Kabbalistes étaient très méticuleux dans l'observance des commandements de la Torah dans leurs moindres détails.

38 L'étude de la Kabbalah exige-t-elle un certain mode de vie ?

L'étude sérieuse de la Kabbalah exige de se conformer à un mode de vie où les commandements de la Torah sont sincèrement respectés. Une autodiscipline, un désir honnête de faire le bien avec tous et d'accomplir la volonté de D.ieu. Il est recommandé également de chercher les conseils de rabbins renommés qui ont une bonne connaissance de cette science.

39 Pourquoi des noms de parties physiques sont-ils employés pour décrire les lumières supérieures ?

Dans le langage de la Kabbalah, les anthropomorphismes ne sont utilisés que pour illustrer la puissance ésotérique de ces forces. Il est bien entendu, qu'il n y a aucune existence physique dans ces niveaux supérieurs. Ainsi, quand des termes tels que bouche, oreilles, ou parties de corps sont employés, l'intention est de décrire la métaphore, ou la position qu'ils symbolisent.

40 Quelle est la connaissance essentielle ?

La connaissance essentielle est celle de la volonté du Créateur et de Ses voies de directions dans cette existence, tel que décrit dans la Kabbalah. Les autres écrits expliquent dans les moindres détails le « comment » faire, mais seulement le Zohar et la Kabbalah nous expliquent les raisons et effets de toutes nos prières et actions.

Je crois que la plupart aspirent à servir de leur meilleur le Créateur, mais ont été accoutumés à exécuter et ne pas chercher plus loin, ou maintenus à l'écart de cette connaissance. Il est maintenant temps d'étudier, de comprendre et de faire connaître cette magnifique science.

41 Qu'est-ce que la Torah dans la Kabbalah ?

La Kabbalah est l'explication mystique et ésotérique de la Torah. Tous les profonds secrets expliqués dans la Kabbalah, sont dissimulés dans les différentes lettres, mots et histoires relatées dans la Torah.

La Torah contient quatre niveaux de compréhension, dont le plus haut est le Sod (secret). À ce niveau, nous comprenons que nos *Tefilot* (prières) et l'accomplissement de chacune des *Mitsvot* (commandements), a une influence directe sur les mondes supérieurs et leur direction.

Le Torah a 248 commandements positifs et 365 négatifs. De même, il y a 613 veines et os à l'homme, 613 parties à l'âme, et 613 lumières dans chaque *Sephira* ou *Partsouf* (configuration), chacune de ces 613 *Mitsvot* a une relation avec les 613 parties du corps et de l'âme de l'homme ainsi qu'un impact sur les 613 parties des *Sephirot* et énergies supérieures.

Par la connaissance de la Kabbalah, nous pouvons arriver à un véritable niveau de compréhension de la volonté du Créateur en « décodant » les profonds secrets de notre sainte Torah.

42 Qu'est-ce que le "Ma'ase Bereshit"?

"Ma'ase Bereshit" veut dire premiers actes, c'est le nom donné pour la description des détails de la création, à partir du *Tsimtsoum*, des premiers mondes, des *Sephirot* etc.

43 Qu'est-ce que le "Ma'ase HaMerkava"?

"Ma'ase HaMerkava" veut dire actes du Chariot (céleste), c'est le nom donné pour tous les détails des lumières, *Sephirot*, *Partsoufim* - configurations, *Tikounim* - réparations et *Zivougim* - unions qui font la direction.

44 Qu'est-ce que la "Merkava" (char céleste) ?

La *Merkava* est l'ensemble des *Partsoufim* (configurations) et *Sephirot* qui font les arbres *Sephirotiques,* avec toutes leurs interdépendances, actions et illuminations.

45 Quel est le rôle des lettres Hébraïques (Autiot) ?

Les *Autiot* sont l'expression de la *"Ma'hshava"* (pensée - intention). En combinaison avec les *Nekudot* (voyelles), ou avec d'autres lettres, elles transforment les lumières supérieures en action. Il y a vingt-deux lettres et cinq lettres finales. Les cinq lettres finales correspondent aux *Gevourot* (rigueurs).

Les forces ou énergies créatrices sont les différentes puissances investies dans les quatre lettres du nom de D.ieu ה - ו - ה - י, et les diverses lettres qui sont ajoutées pour faire leurs différentes épellations. Toutes les émanations sont de l'ordre de ce nom et toutes les configurations proviennent de ces quatre lettres et de leurs différentes épellations.

A partir des lumières ou forces qui sont habillées dans ces lettres ou leurs combinaisons, émanent des configurations masculines ou féminines qui font la direction des mondes.

46 Comment D.ieu est-Il unique tout en ayant autant d'attributs ?

La lumière de D.ieu est unique, de force et qualité égale, et au-delà de toute description. Étant donné que le concept de sans limites est au-dessus de notre compréhension humaine, nous devons employer des termes accessibles à notre entendement. Dans la Kabbalah, le terme « qualité » ou « attribut » est employé pour différencier les diverses transformations de cette « lumière unique » et pour nous aider à comprendre ses effets sur la direction des mondes.

Les *Sephirot* ou *Partsoufim* - configurations sont appelées attributs ou qualités de D.ieu. Une *Sephira* est en quelque sorte un « filtre » qui transforme cette lumière unique en une force ou qualité particulière, par lesquelles le Créateur dirige les mondes.

47 Pourquoi D.ieu est il appelé « Ein Sof » (Infini) dans la Kabbalah ?

« *Ein Sof* » est le nom de D.ieu qui est le plus utilisé dans la Kabbalah.

Sa lumière est parfaite et ne peut être mesurée en aucune qualité ou terme limitatif. Si nous parlons de qualité, nous insinuons une notion de limite, ou absence de son opposé. Étant nous-mêmes des entités différenciées, il nous est impossible de saisir le concept de "non différencié". Tout ce que nous connaissons est différencié en ayant une mesure ou un contraire.

Nous employons donc le nom « *Ein Sof* » (Infini) puisque nous savons et admettons que D.ieu et le concept de sans limites ou sans fin, est au-delà de notre compréhension humaine.

48 Quand est le nom de D.ieu, « Elohi-m » utilisé ?

Ce nom dénote la rigueur dans les actions de D.ieu. Il est représenté par la *Sephira Gevourah* (rigueur).

49 Qu'est-ce que le Zohar ?

Le Zohar - le livre de la Splendeur, a été écrit par Rabbi Shim'on Bar Yo'hay qui vécut en Israel pendant le 2ème siècle. Pour échapper aux Romains, Rabbi Shim'on Bar Yo'hay se cacha avec son fils Rabbi El'azar dans une caverne pendant treize ans et composa le Zohar pendant ce temps.

Le Zohar est l'explication ésotérique et mystique de la Torah et la base de la plupart des écrits Kabbalistiques. Il est surtout écrit en Araméen, et est divisé en chapitres et sous-chapitres selon les différentes parties de lectures hebdomadaires de la Torah. Souvent en forme de métaphore, il traite de tous les sujets qui font la mystique Juive, des détails et systèmes de direction, jusqu'à la métaphysique, la réincarnation etc.

50 Qui est le Ari Z'al ?

Rabbi Its'hak Luria Ashkenazi; le Ari Z'al, naquit à Jérusalem en 1534 et devint le principal Kabbaliste de Tsfat. Il expliqua et clarifia les principaux concepts de la Kabbalah, et innova également dans l'explication des *Sephirot* et *Partsoufim* (configurations). Il est l'auteur du corpus «'Ets 'Haim » qui contient tous ses écrits divisés en *Sha'ree* (entrées), et qui est aujourd'hui la référence principale en Kabbalah.

CRÉATION

10 Questions

51 Qu'est-ce que la Hishtalshelout - (série d'événements) ?

Dans la Kabbalah, la *Hishtalshelout* est la série d'événements à partir du premier acte de D.ieu dans cette création, qui est le « *Tsimtsoum* » (rétraction), suivie de l'entrée du *Kav* (rayon de sa lumière), les premières configurations de *Sephirot*, le déploiement des mondes, jusqu'aux configurations complexes qui font la direction de ces mondes.

52 Qu'est-ce que le Tsimtsoum - (rétraction) ?

Au début, il n'y avait aucune existence excepté Sa présence. Le Créateur était seul, occupant tout l'espace avec Sa lumière. Sa lumière sans extrémités, frontières ou limites, remplissait tout. Son énergie étant d'une telle sainteté et intensité, il n'est pas possible d'exister dans Sa proximité.

Le « *Tsimtsoum* (rétraction) » est le premier acte du *Ein Sof* (Infini) dans la création. C'est la rétraction de Sa lumière d'un certain espace en l'encerclant, afin de réduire son intensité et permettre aux êtres créés d'exister.

Par ces frontières, Il révéla les concepts de rigueur et limite, nécessaires pour les êtres créés, et ainsi donna un espace d'existence pour la création.

53 Qu'est-ce que le `Hallal - (espace vacant) ?

C'est l'espace vacant laissé par le *Tsimtsoum* (rétraction) de Sa lumière. Cet espace est circulaire et contient toutes les possibilités d'existence pour les entités séparées étant distancées de l'intensité de Sa lumière.

54 Qu'est-ce que le Reshimou - (empreinte) ?

Quand sa lumière se rétracta formant l'espace circulaire, une trace de cette lumière, appelée *Reshimou* (empreinte) resta à l'intérieur de l'espace vacant. Cette lumière, de moindre intensité, permit un espace d'existence (*Makom*), pour tous les mondes et les êtres créés.

La racine de toutes existences et événements futurs sont dans le *Reshimou*. Rien qui n'ait son origine dans cette empreinte, ne pourrait se manifester. Toutefois, seul le Créateur décide de ce qui vient à exister et guide le tout.

55 Qu'est-ce que le Kav - (rayon) ?

Après le *Tsimtsoum* (contraction), un rayon de Sa lumière entra dans cet espace vacant.

Ce rayon direct de Sa lumière appelé « *Kav* », émergea de l'*Ein Sof* (infini), et entra d'un côté » de l'espace vacant. La combinaison du *Kav* (rayon) et du *Reshimou* (impression) est ce qui donnera existence aux *Sephirot* avec lesquelles il dirige les mondes. Le *Kav* est l'intériorité la plus profonde de toute la création.

56 Pourquoi les lettres du nom de D.ieu sont-elles épelées différemment ?

Toutes les forces ou énergies créatrices sont les différentes puissances investies dans les quatre lettres du nom de D.ieu ‬ה - ו - ה - י, et les diverses lettres supplémentaires pour faire leurs différentes épellations. Selon les lettres qui sont employées, la valeur numérique du nom change et chacune de ces possibilités devient différente dans sa nature et actions.

Les quatre épellations sont :
- ‬עב ,סג, מה, בן - *'A"V* (72), *SaG* (63), *MaH* (45), *BaN* (52)

יוד הי ויו הי – עב	- *'A"V* = 72
יוד הי ואו הי – סג	- *SaG* = 63
יוד הא ואו הא - מה	- *MaH* = 45
יוד הה וו הה – בן	- *BaN* = 52

Chaque nom peut également être divisé et subdivisé tel que :
'A"V de 'A"V, SaG de 'A"V, MaH de 'A"V ...
BaN de BaN de SaG, SaG de MaH de 'A"V etc.

Toutes les émanations et *Sephirot* qui sont sorties d'*Adam Kadmon* (homme primordial) proviennent des divers aspects de ces quatre noms. Elles ont différentes actions, et tous les *Partsoufim* (configurations) seront construits par leurs unions.

57 Que sont les Sephirot du nom de BaN (52) ?

Les Sephirot de *BaN* correspondent à l'aspect féminin - rigueur et ont émergé d'*Adam Kadmon* (homme primordial). Quand les trois premières *Sephirot* : *Keter, 'Hokhma, Binah* sont sorties, elles purent se tenir en trois colonnes, les sept *Sephirot* inférieures ne pouvant se tenir dans cet ordre, formèrent une ligne descendante et se brisèrent. Cet arrangement imparfait et cette brisure des Sephirot du nom de *BaN* est la première origine du négatif ou mal.

58 Qu'est-ce que la Shvirat Hakelim – (brisure des vases) ?

De la première configuration *Adam Kadmon,* sortirent différentes émanations pour la construction des mondes.

De ses yeux sont sorties dix *Sephirot* de l'aspect du nom de *BaN* (52) ; correspondant à l'aspect féminin - rigueur. Quand elles sont sorties, seulement les trois premières *Sephirot* ; *Keter, 'Hokhma* et *Binah* reçurent et continrent leurs lumières parce qu'elles étaient dans l'arrangement de trois colonnes, requis pour la direction de bonté, rigueur et miséricorde, les sept *Sephirot* inférieures qui n'étaient pas dans l'arrangement des trois piliers, ne pouvaient retenir l'afflux de leurs lumières et se sont brisées. Pour les soutenir après qu'elles se soient brisées, 288 étincelles des lumières sont descendues aussi, car un lien à leurs lumières originales était nécessaire pour les maintenir vivantes.

Ceci causa un dommage important appelé *Shvirat Hakelim* - la brisure des vases, et de cet arrangement imparfait est la première origine du mal. Si les sept *Sephirot* avaient contenues leurs lumières, elles ne se seraient pas brisées et les notions de *Kilkoul* (dommages) et de *Tikoun* (réparation) n'auraient pas existées.

Le but de tous les travaux, actions et prières des hommes dans cette existence, est d'aider et participer à la montée de ces 288 étincelles à leur origine.

Avec l'émanation d'autres lumières, le Créateur aurait pu faire le *Tikoun* (rectification) de tous mondes après la *Shvirat Hakelim* (brisure des vases), mais alors, il n'y aurait pas eu de raison à la participation de l'homme dans ce *Tikoun*. C'est pour donner une possibilité à l'homme d'agir et de réparer la création, que D.ieu a retenu, d'une certaine manière, Son émanation de bonté à ce monde. À l'accomplissement de ce *Tikoun* d'unification entre les étincelles et leurs *Sephirot*, ce sera la période de la résurrection des morts et de l'arrivée de *Mashia'h*.

59 Que sont les Rapa'h Nitsoutsot - (288 étincelles) ?

Après la brisure des *Sephirot* et pour les soutenir, 288 étincelles des lumières sont descendues aussi, car un lien à leurs lumières originales était nécessaire pour les maintenir vivantes. Cette descente se fit dans tous les mondes supérieurs ainsi que dans les mondes inférieurs[9]. Il est important de comprendre que tout ce qui se produit dans notre monde est semblable à ce qui s'est produit dans cette tombée. Cette séparation entre un récipient et sa lumière ou

---

[9] Mondes négatifs

énergie, est le modèle du travail de l'homme dans ce monde, où il doit refaire monter et réunir ces étincelles vers leurs récipients, en priant et accomplissant les commandements de la Torah.

60 Que sont les Sephirot du nom de MaH (45) ?

Après la brisure des vases et la séparation de leurs lumières, il était nécessaire pour la direction du monde que réparation soit faite. D'*Adam Kadmon* (homme primordial) sont sorties dix *Sephirot* de l'aspect du nom de *MaH* (45) ; correspondant au masculin – réparation, contrairement aux *Sephirot* de *BaN* (52) qui correspondent à l'aspect féminin - rigueur, et sont la racine de la détérioration. C'est l'union de ces deux aspects, masculin et féminin, qui feront des nouvelles *Sephirot* faites de ces deux aspects pour un équilibre harmonieux.

MONDES

8 Questions

61 Qu'est-ce qu'un monde ?

Un monde est une possibilité et un type d'existence dans une dimension particulière. De la première configuration ; *Adam Kadmon* (homme primordial), des émanations firent les quatre mondes inférieurs. Il y a également les mondes négatifs au-dessous ou en contraste des mondes positifs.

62 Combien y a t-il de mondes ?

Il y a quatre mondes, leurs noms sont :

- *Atsilout* - émanation
- *Beriah* - création
- *Yetsirah* - formation
- `*Asiah* - action

63 Quelle est la différence entre ces mondes ?

Dans le premier monde d'*Atsilout,* il n'y a aucun aspect d'existence physique. À partir du deuxième monde, l'existence d'entités séparées commence. Tous les mondes sont similaires (ils contiennent tous dix *Sephirot* et cinq *Partsoufim*), mais la quintessence du plus haut est supérieure. Il y a un écran (diviseur) qui sépare un monde des autres et de cet écran les dix *Sephirot* du monde inférieur sortent.

64 Qu'est-ce que le monde de Atsilout ?

Le premier monde qui émana d'*Adam Kadmon* (homme primordial) s'appelle *Atsilout* ; le monde de l'émanation, la où il n'y a aucune existence d'entité séparée et aucune *Sitra A'hra* (force négative), même à ses niveaux les plus bas.

Elle se compose de cinq *Partsoufim* (configurations) principaux : *Arikh Anpin, Abah, Imah, Zeir Anpin* et *Noukva*. Un de plus ; *Partsouf 'Atik Yomin*, est au-dessus d'eux, ses trois premières *Sephirot* sont dans le monde supérieur (au-dessus d'*Atsilout*), ses sept *Sephirot* inférieures sont à l'intérieur des dix *Sephirot* d'*Arikh Anpin* et font le lien avec le monde supérieur ; *Adam Kadmon* (homme primordial). *Arikh Anpin* s'étend sur toute la longueur de Atsilout.

A partir d'*Atsilout* (émanation) furent dévoilés tous les mondes inférieurs qui sont la source d'existence pour les mondes physiques et la possibilité de récompense, punition et du mal.

65 Qu'est-ce que le monde de Beriah ?

Le deuxième monde après *Atsilout* est *Beriah* (création). C'est le monde des *Neshamot*, des âmes.

66 Qu'est-ce que le monde de Yetsirah ?

Le troisième monde après *Beriah* est *Yetsirah* (formation). C'est le monde des entités spirituelles, le monde des anges.

67 Qu'est-ce que le monde de `Asiah ?

Le quatrième monde après *Yetsirah* est `*Asiah* (action) ; le monde de l'action, le monde de l'existence physique. Du dernier niveau des *Sephirot* de `*Asiah* - *Malkhout* de `*Asiah*, la *Sitra A'hra* (mal) sortit.

68 Quels sont les quatre types d'existence dans notre monde ?

En parallèle aux quatre mondes (ABYA), il y a quatre types d'existence dans notre monde ; minéral correspondant a `*Asiah* (action), végétal correspondant à *Yetsirah* (formation), animal correspondant à *Beriah* (création), et l'homme correspondant à *Atsilout* (émanation).

SEPHIROT

20 Questions

69 Qu'est-ce qu'une Sephira ?

La lumière de D.ieu est unique et de forces et qualités égales. Une *Sephira* est en quelque sorte un « filtre » qui transforme cette lumière en une force ou attribut particulier, par lesquels l'*Ein Sof* (infini) dirige les mondes.

Chaque *Sephira* est composée d'un récipient appelé *Keli*, qui contient sa partie de lumière appelée Or (lumière). Il n'y a aucune différence dans lumière elle-même ; la différence provient plutôt de la particularité, ou position de la *Sephira*.

70 Combien de Sephirot y a-t-il et quels sont leurs noms ?

Il y a dix *Sephirot*, leurs noms sont :

Keter	*Couronne*	**Tiferet**	*Beauté*
'Hokhma	*Sagesse*	**Netsa'h**	*Gloire*
Binah	*Discernement*	**Hod**	*Splendeur*
'Hesed	*Bonté*	**Yesod**	*Fondation*
Gevourah	*Rigueur*	**Malkhout**	*Royauté*

Il y a une autre *Sephira* appelée *Da'at* (connaissance), qui est comptée lorsque *Keter* ne l'est pas.

La première et plus importante *Sephirot* est *Keter*. C'est l'ultime bonté pour tous, même aux non méritants.

La deuxième *Sephira* '*Hokhma* est également bonté pour tous, même aux non méritants, mais moins que *Keter*, et pas toujours.

La troisième *Sephira Binah* est bonté à tous, même aux non méritants, mais à partir d'elle, la rigueur commence.

La quatrième *Sephira* '*Hesed*, est complète bonté, mais à qui le mérite.

La cinquième *Sephira Gevourah*, est pleine rigueur à qui le mérite.

La sixième *Sephira Tiferet*, est aussi bonté[10] et fait l'équilibre entre la bonté et la rigueur.

La septième *Sephira Netsa'h* est bonté diminuée à qui le mérite.

La huitième *Sephira Hod* est rigueur diminuée à qui mérite.

La neuvième *Sephira Yesod*, fait l'équilibre entre *Sephira Netsa'h* et *Hod* pour la direction, et fait le lien entre toutes les *Sephirot* supérieures et la *Sephira Malkhout*.

La dixième *Sephira Malkhout*, traduit toutes les émanations supérieures en une qui soit reflétée à la création. C'est le lien ou le raccordement entre toutes les *Sephirot* et l'homme.
Il y a également des configurations de une ou plusieurs *Sephirot* agissant en coordination, qui s'appellent *Partsoufim*.

---

[10] Moindre que '*Hesed*

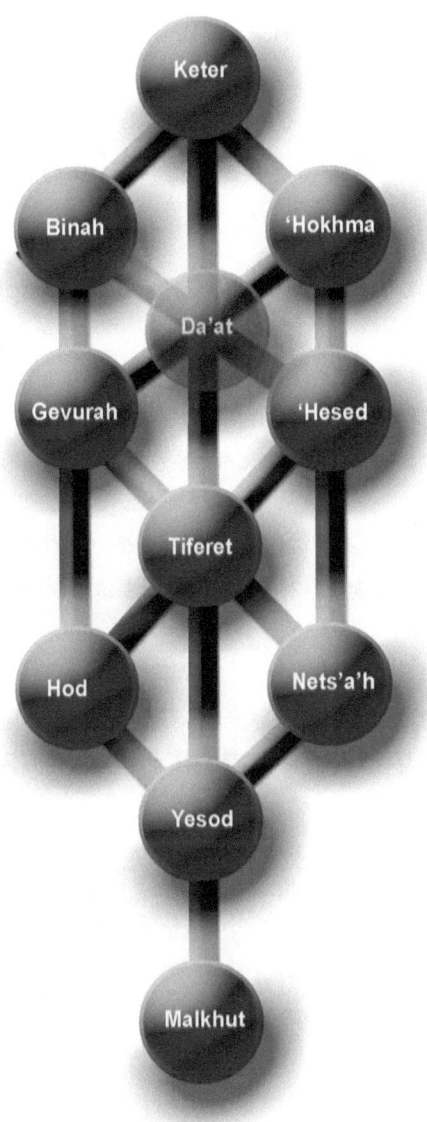

71 Qu'est-ce qu'un arbre Sephirotique ?

Un arbre *Sephirotique* est fait de dix *Sephirot* disposées en trois colonnes.

Du côté droit, la colonne de *'Hesed* (bonté) : *'Hokhma*, *'Hesed*, *Netsa'h*.

Au centre, la colonne de *Ra'hamim* (miséricorde) : *Keter*, *Tiferet*, *Yesod*, *Malkhout*.

Du côté gauche, la colonne de *Gevourah* (rigueur) : *Binah*, *Gevourah*, *Hod*.

La *Sephira Da'at* est comptée quand *Keter* ne l'est pas, également dans la colonne de *Ra'hamim*.

Une ou plusieurs *Sephirot*, à partir de l'arbre *Sephirotique*, agissent en coordination, et s'appellent *Partsoufim* (configurations).

72 Qu'est-ce que les Sephirot encerclantes ?

Après être entré dans l'espace vide, le *Kav* (rayon) maintint sa forme linéaire et fit dix *Sephirot* circulaires s'encerclant une sur l'autre. Ces dix *Sephirot* sont responsables de la direction générale des mondes et ne sont pas influencées par les actions des hommes.

73 Que sont les Sephirot linéaires ?

Après avoir fait les dix *Sephirot* circulaires, le *Kav* (rayon) maintint sa forme droite et fit dix autres *Sephirot*, mais cette fois dans un arrangement linéaire.

Elles furent plus tard arrangées en trois colonnes : droite, gauche et milieu, représentant la direction du monde actuel selon les attributs de *'Hesed* - bonté, *Gevourah* - rigueur et *Ra'hamim* - miséricorde. Cette direction est dépendante du temps et des actions des hommes.

La première configuration de dix *Sephirot* linéaires s'appelle *Adam Kadmon* (homme primordial) et tous les autres mondes seront formés selon cet arrangement linéaire des Séphirot.

74 Qu'est-ce qu'est Adam Kadmon - (Homme primordial) ?

Cette première configuration, ou premier monde où les lumières émanées furent façonnées en dix *Sephirot* s'appelle *Adam Kadmon* (Homme primordial). Ce fut le résultat de l'union entre le *Reshimou* (empreinte) et le *Kav* (rayon).

De cette première configuration, tous les autres mondes sont venus à existence, et cette première émanation est l'origine de toutes les futures émanations.

Adam Kadmon étant à une telle proximité du *Ein Sof* (infini), nous ne pouvons rien saisir de sa nature. Notre compréhension ne commence qu'à partir des émanations qui sont sorties de lui et qui s'appellent ses branches.

C'est de ces émanations que les quatre autres mondes d'*Atsilout* (émanation), *Beriah* (création), *Yetsirah* (formation) et `*Asiah* (action) se dévoileront.

75 Qu'est-ce que sont les NeHY ?

Ce sont les initiales du troisième triplet de *Sephirot* : *Netsa'h*, *Hod* et *Yesod*. Ils agissent la plupart du temps ensemble comme *Mo'hin*[11] - forces de direction intérieures pour un *Partsouf* (configuration).

76 Que sont les `HaGaT ?

Ce sont les initiales du deuxième triplet de *Sephirot* : *'Hesed*, *Gevourah* et *Tiferet*. Ils agissent ensemble comme le deuxième niveau de *Mo'hin* - force de direction intérieure pour un *Partsouf*.

77 Que sont les `HaBaD ?

Ce sont les initiales du premier triplet de *Sephirot* : `*Hokhma*, *Binah* et *Da'at*. Ils agissent ensemble comme niveau supérieur de *Mo'hin* - force de direction intérieure, pour un *Partsouf*.

---

[11] Cerveaux – forces directrices

78 Qu'est-ce que la Sephira Keter - (couronne) ?

Elle est la première et la plus importante des *Sephirot*. Sa qualité est complète bonté à tous, même aux non méritants. Sa position est en haut de la colonne centrale, qui correspond à *Ra'hamim* (miséricorde). Les autres *Sephirot* sur la même colonne sont *Tiferet*, *Yesod* et *Malkhout*.

Elle fait les *Partsoufim* - *'Atik Yomin* et *Arikh Anpin*.
Son nom correspondant est : *AHY-H* אהי ה -
Son *Milouy* (épellation du nom) correspondant est : עב `AV – 72, sa voyelle est le Kamatz. Sa correspondance physique est la tête et son niveau correspondant de l'âme est *Ye'hidah*.

79 Qu'est-ce que la Sephira 'Hokhma - (sagesse) ?

C'est la seconde *Sephira*. Sa qualité est bonté à tous, même aux non méritants (mais moins que *Keter* et pas toujours). Sa position est en haut de la colonne droite qui correspond à *'Hesed* (bonté). Les autres *Sephirot* sur la même colonne sont *'Hesed* et *Netsa'h*.

Elle fait le *Partsouf Abah* son nom correspondant est *YH* י-ה

Son *Milouy* correspondant (épellation) du nom est עב `AV - 72, sa voyelle est Pata'h. Sa correspondance physique est le cerveau droit et son niveau correspondant de l'âme est `Hayah.

80   Qu'est-ce   que   la   Sephira   Binah   - (discernement) ?

C'est la troisième *Sephira*. Sa qualité est bonté à tous, même aux non méritants (mais d'elle, commencent les rigueurs). Sa position est sur le dessus de la colonne gauche, qui correspond à *Din* (rigueur). Les autres *Sephirot* sur la même colonne sont *Gevourah* et *Hod*.

Elle fait le *Partsouf Imah* et son nom correspondant est *YHV-H* - ה - ו - ה - י (mais avec les voyelles d'*Elokim*).

Son *Milouy* correspondant (épellation) du nom est סג *SaG* (63), sa voyelle est le Tsere Sa correspondance physique est le cerveau gauche et son niveau correspondant de l'âme est *Neshama*

81 Qu'est-ce que la Sephira Da'at - (connaissance) ?

C'est la quatrième *Sephira*. *Da'at* est compté quand *Keter* ne l'est pas. Elle fait l'équilibre entre `*Hokhma* et *Binah*. Sa position est au centre de la colonne centrale qui correspond à *Ra'hamim* (miséricorde) Les autres *Sephirot* sur la même colonne : *Keter*, *Tiferet*, *Yesod* et *Malkhout*. Son rôle est principalement de faire les *Mo'hin* (cerveaux) pour les configurations de *Z'A* et *Noukva*.

Son nom correspondant est *AHV-H* - ה - ו - ה - א אהו

82 Qu'est-ce que la Sephira 'Hesed - (bonté) ?

C'est la quatrième *Sephira*. Sa qualité est complète bonté à qui le mérite. Sa position est sur le milieu de la colonne droite, qui correspond à *'Hesed* (bonté). Les autres *Sephirot* sur la même colonne sont *'Hokhma* et *Netsa'h*. C'est une des *Sephirot* qui font le *Partsouf Z'A*.

Son nom correspondant est *EL -* אל

Son *Milouy* correspondant (épellation) du nom est *MaH* מה (45), sa voyelle est Segol. Sa correspondance physique est le bras droit et son niveau correspondant de l'âme est *Roua'h*.

83 Qu'est-ce que la Sephira Gevourah - (rigueur) ?

C'est la cinquième *Sephira*. Sa qualité est pleine rigueur à qui le mérite. Sa position est au milieu de la colonne gauche, qui correspond à *Din* (rigueur). Les autres *Sephirot* sur la même colonne sont *Binah* et *Hod*. Elle est une des *Sephirot* qui font le *Partsouf Z'A*.

Son nom correspondant est ם - אלהי - *Elohi-m*

Son *Milouy* correspondant (épellation) du nom est *MaH* מה (45), sa voyelle est Sheva. Sa correspondance physique est le bras gauche et son niveau correspondant de l'âme est *Roua'h*.

84 Qu'est-ce que la Sephira Tiferet - (beauté) ?

C'est la sixième *Sephira*. Son rôle est de faire l'équilibre entre la bonté et la rigueur. Sa position est au milieu de la colonne centrale, qui correspond à *Ra'hamim* (miséricorde). Les autres *Sephirot* sur la même colonne sont *Keter, Yesod* et *Malkhout*. Elle est une des *Sephirot* qui font le *Partsouf Z'A*.

Son nom correspondant est *YHV-K* - ה - ו - ה - י

Son *Milouy* correspondant (épellation) du nom est מה - *MaH* (45), sa voyelle est `Holam. Sa correspondance physique est le thorax et son niveau correspondant de l'âme est *Roua'h*.

85 Qu'est-ce que la Sephira Netsa'h - (splendeur) ?

C'est la septième *Sephira*. Sa qualité est une bonté diminuée, à qui le mérite. Sa position est en bas sur la colonne droite, qui correspond à *'Hesed* (bonté). Les autres *Sephirot* sur la même colonne sont *'Hokhma* et *'Hesed*. Elle est une des *Sephirot* qui font le *Partsouf Z'A*.

Son nom correspondant est YKVK *Tsebao-t* - צבאות - ה - ו הו

Son *Milouy* correspondant (épellation) du nom est *MaH* (45) (מה), sa voyelle est `Hirik. Sa correspondance physique est la jambe droite et son niveau correspondant de l'âme est *Roua'h*.

86 Qu'est-ce que la Sephira Hod - (gloire) ?

C'est la huitième *Sephira*. Sa qualité est rigueur diminuée à qui le mérite. Sa position est en bas de la colonne gauche, qui correspond à *Din* (rigueur). Les autres *Sephirot* sur la même colonne sont *Binah* et *Gevourah*. Elle est une des *Sephirot* qui font le *Partsouf Z'A*.

Son nom correspondant est *Elohi-m Tsebaot-* אלהי - ם צבאות

Son *Milouy* correspondant (épellation) du nom est *MaH* (45) (מה), sa voyelle est Kubutz. Sa correspondance physique est la jambe gauche et son niveau correspondant de l'âme est *Rua' h*.

87 Qu'est-ce que la Sephira Yesod - (fondation) ?

C'est la neuvième *Sephira*. Son rôle est de faire le lien ou le raccordement entre toutes les *Sephirot* supérieures et *Malkhout* et de faire l'équilibre entre les *Sephirot Netsa'h* et *Hod*. Sa position est en bas de la colonne centrale, qui correspond à *Ra'hamim* (miséricorde). Les autres *Sephirot* sur la même colonne sont *Keter*, *Tiferet* et *Malkhout*. Elle est une des *Sephirot* qui font le *Partsouf Z'A*.

Son nom correspondant est *Shada- y -* י - שד Son *Milouy* correspondant (épellation) du nom est *MaH* (45) (מה), sa voyelle est Shirik, sa correspondance physique est l'organe masculin et son niveau correspondant de l'âme est *Roua'h*.

88 Qu'est-ce que la Sephira Malkhout - (royauté) ?

C'est la dixième des *Sephirot*. Elle traduit et communique toutes les émanations supérieures en une, qui soit reflétée à la création. C'est le lien ou le raccordement entre toutes les *Sephirot* et l'homme. Sa position est en bas de la colonne centrale, qui correspond à *Ra'hamim* (miséricorde). Les autres *Sephirot* sur la même colonne sont *Keter*, *Tiferet* et *Yesod*. Elle fait le *Partsouf Noukva* qui se divise en deux *Partsoufim* : Ra'hel et Leah

Son nom correspondant est *Adona-y* - ' - אדנ Son *Milouy* correspondant du nom est *BaN* - בן (52), elle n'a pas de voyelle. Sa correspondance physique est la couronne sur l'organe masculin et son niveau correspondant de l'âme est *Nefesh*.

PARTSOUFIM

18 Questions

89 Qu'est-ce qu'un Partsouf - (configuration) ?

Après que la *Sephira* ait en quelque sorte « filtré» et transformé la lumière de D.ieu en une force ou un attribut particulier par lesquels le Créateur guide les mondes, elle peut maintenant agir seule ou de concert avec d'autres. *Partsouf* en Araméen veut dire visage, ce dernier étant composé de plusieurs différents éléments tels que yeux, bouche, nez etc. mais tous sont coordonnés et agissent comme une seule unité. Un visage est aussi unique, il est l'identité particulière d'une seule personne et son principal moyen de communication. Un *Partsouf* est donc une configuration indépendante composée d'une ou de plusieurs *Sephirot* agissant en coordination comme une seule unité.

90 Quels sont les différents types de Partsoufim ?

Il y a deux différents types de *Partsoufim :* masculins et féminins. Les masculins émanent la bonté, les féminins, la rigueur. Le masculin correspond donc à *'Hesed*, le féminin à *Gevourah*. Il y a aussi des *Partsoufim* principaux et d'autres secondaires, par leurs différentes unions et influences, ils font la direction.

91 Quelles sont les actions d'un Partsouf ?

Les actions et interdépendances des *Partsoufim* s'appellent "*Tikounim*" des *Partsoufim*. Ces *Tikounim* ont comme conséquence des différentes illuminations et des influences d'intensités variables, selon la période et les actions de l'homme.

Le but de ces *Tikounim* et de retransmettre les énergies et lumières qui leur sont données une fois transformées par eux, ou par leurs unions avec d'autres *Partsoufim*. La direction du monde dépend du positionnement et des différentes interactions des *Partsoufim* masculins et féminins, puisqu'ils ont un effet direct sur la mesure et l'équilibre des facteurs de bonté, rigueur et miséricorde.

92 Est-ce que leurs actions ou interactions varient ?

Chaque jour, selon les actions de l'homme, les prières pendant la semaine, le Shabbat ou les jours de fêtes et selon le temps, des diverses configurations permettent des différents *Zivougim* (unions) de *Partsoufim*, et donc des émanations d'abondance d'intensités variables.

93 Quels sont les noms des Partsoufim ?

Il y a cinq principaux *Partsoufim* :
• *Arikh Anpin*
• *Abah*
• *Imah*
• *Zeir Anpin*
• *Noukva*

Et au-dessus d'eux : *'Atik Yomin* (habillé à l'intérieur d'*Arikh Anpin*).
Sept autres *Partsoufim* émergent de ces cinq principaux.

94 De quelles Sephirot émergent les Partsoufim ?

Ils émanent des dix *Sephirot* comme suit :

De *Keter* :
 - *'Atik Yomin*
  - *Arikh Anpin*

De *'Hokhma* :
- *Abah*   -
De *Malkhout* d'*Abah* - *Israel Saba* -
De *Malkhout* de *Israel Saba* - *Israel Saba* 2

De *Binah* :
- *Imah*
- De *Malkhout* de *Imah* - *Tevounah*
 - De *Malkhout* de *Tevounah* - *Tevounah* 2

Israel Saba et *Tevounah* sont appelés également par leurs initiales ISOT ou ISOT 2.

Des six *Sephirot* ; *'Hesed, Gevourah, Tiferet, Netsa'h, Hod,* et *Yesod* :
- *Zeir Anpin* également appelé Israel
De *Zeir Anpin* - *Ya'acov*

De *Malkhout* : Noukva, divisée en deux *Partsoufim* : Ra'hel et Leah

95 Qu'est-ce que le Partsouf 'Atik Yomin ?

Partsouf 'Atik Yomin est supérieur à tout les *Partsoufim* (configurations). Il a dix *Sephirot*, son aspect de *MaH* (45) correspond au principe masculin, son aspect de *BaN* (52) au féminin, il s'appelle *'Atik Yomin* et sa *Noukva*[12].

Sa *Noukva* n'est jamais séparée de lui, son arrière attaché au sien, *'Atik Yomin* est ainsi tout face; la face féminine de *BaN* correspondant à son arrière, la face masculine de *MaH* à son avant.

96 Quel est le rôle du Partsouf 'Atik Yomin?

Le *Partsouf 'Atik Yomin* fait le lien entre les mondes, dans le monde d'*Atsilout* (émanation) c'est la *Sephira Malkhout* d'*Adam Kadmon* (homme primordial) qui devient le *Partsouf 'Atik Yomin*. C'est pareil dans les trois autres mondes de *Beriah* (création), de *Yetsirah* (formation) et de `*Asiah* (action), la *Malkhout* du monde au-dessus devient le *Partsouf 'Atik Yomin* du monde en-dessous.

97 Qu'est-ce que le Partsouf Arikh Anpin ?

Après le *Partsouf 'Atik Yomin*, le plus intérieur de tous les autres *Partsoufim* (configurations) est *Arikh Anpin* et sa *Noukva*, ils font un seul *Partsouf* ; le masculin du côté droit et le féminin du côté gauche.

---

[12] Féminin

Arikh Anpin est le premier *Partsouf* dans le monde de *Atsilout* (émanation) et la racine de tous les autres *Partsoufim*, qui sont ses branches. *Arikh Anpin* fait toute la longueur d'un monde de haut en bas.

98 Qu'est-ce que sont les Partsoufim (configurations) Abah et Imah ?

Ces deux *Partsoufim* (configurations) sont essentiels dans la direction des mondes, ils sont le lien entre le *Partsouf Arikh Anpin* qui est la principale configuration, et *Partsouf Zeir Anpin* qui communique ces émanations aux mondes par son *Zivoug* (union) avec le *Partsouf Noukva*. *Abah* est la *Sephira `Hokhma*, *Imah* est la *Sephira Binah*.

99 Qu'est-ce que le Partsouf Zeir Anpin ?

Zeir Anpin (Z'A) se compose des six *Sephirot* inférieures d'un monde: *'Hesed*, *Gevourah*, *Tiferet*, *Netsa'h*, *Hod*, et *Yesod*.

C'est la configuration principale dans le rapport homme – direction. Il doit d'abord obtenir ses *Mo'hin* (forces directrices), qui sont ses trois premières *Sephirot* : *'Hokhma*, *Binah* et *Da'at* de *Abah* et *Imah* et accéder à une étape de croissance. Ensuite, par ses unions avec les configurations féminines de Ra'hel et Leah, faire la direction.

100 Quel est le rôle du Partsouf Zeir Anpin ?

Pour que l'abondance descende au monde, *Partsouf Zeir Anpin* doit s'unir au *Partsouf Noukva*[13]. Il ne peut y avoir d'abondance que lorsque les masculins et féminins sont en harmonie.   Chaque jour est d'une nouvelle émanation qui le régit. Pour chaque jour, il y a de nouveaux *Zivougim*[14] des différents aspects de ces deux configurations. La direction du monde dépend et se manifeste selon le positionnement et les différentes interactions des configurations *Z'A* et *Noukva*, puisqu'ils ont un effet direct sur la mesure et l'équilibre des facteurs de bonté, rigueur et miséricorde. A cet effet, le but du service des créatures est d'aider à préparer ces *Partsoufim* (configurations) *Z'A* et *Noukva* à s'unir et ceci par l'élévation et l'adhérence des mondes par les prières et l'observation des *Mitsvot*.

101 Qu'est-ce que le Partsouf Noukva

Le *Partsouf* (configuration) *Noukva* représente le féminin - le principe de réception. Il comporte deux *Partsoufim* distincts : Ra'hel et Leah.

Le *Partsouf* masculin *Zeir Anpin* et le *Partsouf* féminin *Noukva*, sont la racine de tout le créé. C'est par eux que se manifeste la direction.

Il n'y a de perfection pour le masculin que lorsqu'il se complète avec son féminin et il ne peut y avoir d'abondance que lorsque le masculin et le féminin sont en harmonie.

---

[13] Configurations Ra'hel ou Leah
[14] Unions

Cette abondance descend au monde par les divers *Zivougim* (unions) de *Zeir Anpin* et *Noukva*.

Il y a deux conditions nécessaires pour que le *Zivoug* (union) soit possible : les *Partsoufim* doivent être construits et le féminin doit stimuler une réaction du masculin. Cette stimulation ne se produit qu'en raison des *Tikounim* (rectifications) réalisés par les hommes avec leurs prières et *Mitsvot*.

102 Quel est le rôle du Partsouf Noukva ?

Le *Partsouf Noukva* est le lien entre les *Sephirot* et *Partsoufim* supérieurs avec les êtres inférieurs. C'est elle qui transmet du haut vers le bas les résultats des différents *Zivougim*, car l'abondance vient en premier à *Z'A*, puis à *Noukva*, et d'elle, aux mondes inférieurs.

103 Que sont les Mo'hin (forces directives) d'un Partsouf ?

Les *Mo'hin* sont les forces directives données à un *Partsouf* (configuration) par le *Partsouf* qui est au-dessus de lui. Il y a des *Mo'hin* intérieurs et des *Mo'hin* encerclants. Les *Mo'hin* intérieurs sont les *Sephirot NHY* (*Netsa'h*, *Hod*, *Yesod*) du *Partsouf* supérieur qui entrent à l'intérieur du *Partsouf* inférieur pour être ses cerveaux ou intelligence. Les *Mo'hin* encerclants l'entourent de l'extérieur. Un Partsouf n'est pas indépendant ni en mesure d'agir avant d'avoir reçu ces forces directrices.

104 Qu'est-ce qu'un Zivoug - (union) ?

Le *Zivoug* est l'union du *Partsouf* masculin avec son féminin. Toutes les conséquences des émanations supérieures sont le résultat des différentes unions entre les lumières masculines et féminines.

Pour que l'abondance descende au monde, le *Partsouf* masculin *Zeir Anpin* doit s'unir au *Partsouf* féminin *Noukva* (Ra'hel ou Leah). Il ne peut y avoir d'abondance que lorsque les configurations masculines et féminines sont en harmonie. Ces unions qui sont influencées par les actions de l'homme et selon le temps ont différents effets qui résulteront en des émanations d'abondance d'intensités variables.

105 Quels sont les différents types de Zivougim ?

La direction du monde dépend des différents positionnements et interactions des *Partsoufim* masculins et féminins, puisqu'ils ont un effet direct sur la mesure et l'équilibre des facteurs de bonté, rigueur et miséricorde qui font cette direction.

Chaque nouveau jour est d'une nouvelle émanation qui les régit. Pour chaque jour, il y a de nouveaux *Zivougim* des différents aspects des configurations masculines et féminines.

Les différents types d'unions sont celles qui se produisent entre les *Partsoufim* masculins appelés *Zeir Anpin*, Israel, et

Ya'acov et les configurations féminines appelées *Noukva*, Ra'hel et Leah. Le but du service des créatures est d'aider à les préparer pour ces unions, et ceci, par l'élévation et l'adhérence des mondes par les prières et *Mitsvot*.

106 Quelles sont les différentes positions des Partsoufim ?

Il y a une notion de proximité et d'interaction, dépendamment si les *Partsoufim* se font face, ou se donnent le dos. Les trois possibilités sont : face à face, dos à face, ou dos à dos.

Face à face est le niveau idéal et correspond au déversement de l'abondance.

Dos à face dénote une promptitude à s'approcher d'un côté seulement. C'est une position d'attente ou de désir de la position idéale de face à face.

Dos à dos est le niveau le plus bas et correspond à la simulation et à la rigueur.

Les déversements de rigueur, bonté et abondance dépendent donc du positionnement et des différentes interactions des *Partsoufim* masculins et féminins.

DIRECTION

8 Questions

107 Quels sont les différents types de direction ?

Il y a deux principaux types de directions :
- La direction générale, qui n'est pas influencées par les actions des hommes. Elle est en charge de la subsistance des mondes et de la nature. Cette direction est exécutée par les *Sephirot* encerclantes.

- La direction variable, qui dépend du temps et des actions des hommes. Elle se manifeste sur une base de justice, récompense et punition. Cette direction est exécutée par les *Sephirot* linéaires.

108 Par quels attributs ou qualités la direction se manifeste t-elle ?

La direction se manifeste par les *Sephirot* linéaires qui sont arrangées en trois colonnes : droite, gauche et milieu, représentant les direction du monde de la façon de *'Hesed*, *Din* et de *Ra'hamim* - bonté, rigueur et miséricorde. Certains *Partsoufim* sont masculins et émanent la bonté, d'autres sont féminins et émanent la rigueur. Par leurs unions, différents équilibres de ces deux forces de bonté et rigueur font la direction.

109 Qu'est-ce que l'attribut de bonté ?

Il y a des moments ou temps particuliers de bonté durant l'année, tel que le Shabbat et les jours de fêtes et selon les

91

différentes positions des *Partsoufim*. Quand les *Partsoufim* masculins et féminins sont face à face, c'est le niveau idéal qui correspond au déversement de l'abondance. Dans l'attribut de bonté, la direction est du pilier droit - le pilier de la bonté.

La bonté est surtout manifestée par les aspects masculins des *Partsoufim*, par la *Sephira 'Hesed*, par les voilements des aspects de rigueur et par des illuminations de lumières supérieures.

110 Qu'est-ce que l'attribut de jugement ?

Il y a des moments ou jours particuliers de rigueur durant l'année. Cela dépend des différentes positions des *Partsoufim*. En l'absence de *Zivoug* (union), quand les *Partsoufim* masculins et féminins se retrouvent dos à dos, cela correspond à la dissimulation et à la rigueur. Dans l'attribut de jugement, la direction est du pilier gauche - le pilier de la rigueur.

La rigueur se manifeste la plupart du temps par les aspects féminins tels que : le nom de *BaN* (52), la *Sephira Gevourah* et par la dissimulation des aspects masculins, qui eux représentent la bonté.

111 Qu'est-ce que l'attribut de miséricorde ?

Dans l'attribut de miséricorde la direction est du pilier central - le pilier de Ra'hamim (miséricorde). Cette direction fait l'équilibre entre la direction de rigueur et bonté.

112 Comment est-ce que la direction se manifeste ?

La Kabbalah explique en détails les systèmes qui sont mis en place pour la véritable direction du monde, afin que nous puissions comprendre Sa volonté. Elle nous enseigne que le monde est guidé par ces systèmes extrêmement complexes de forces ou lumières, qui interagissent constamment entre eux afin de provoquer des interactions et des réactions en chaîne qui influent directement sur l'homme et la direction des mondes.

La direction des mondes se manifeste par l'influence de ces différentes *Sephirot* et *Partsoufim* (configurations). Elle dépend des différents positionnements et interactions de toutes ces configurations masculines et féminines, puisqu'elles ont un effet direct sur la mesure et l'équilibre des facteurs de bonté, rigueur et miséricorde. Les *Partsoufim* masculins accordent la bonté, les féminins la rigueur. C'est par leurs unions que les différents équilibres de forces font la direction.

113 Qu'est-ce que la «volonté de donner» ?

La volonté du Créateur est d'émaner la bonté à Ses créatures. Tous les niveaux de la création ont été mis en place, afin que Sa bonté puisse leur être émanée d'une manière qu'ils puissent la recevoir. Le libre choix, le mal ont été mis en place afin de faire mériter l'homme lorsqu'il choisira le bien, ce qui est en soi une énorme bonté.

114 Qu'est-ce que le «désir de recevoir» ?

Par sa nature, l'homme est lui-même un *Keli* (récipient) avec une volonté de recevoir sans limites et contenant une lumière spirituelle ; son âme. Une direction basée sur ce désir permettrait n'importe quoi sans restriction et ne donnerait pas à l'homme la possibilité du mérite.

Le but idéal pour l'homme est d'élever ses désirs corporels en sanctifiant ses manières, afin de ressembler à son Créateur en devenant un 'donnant' ayant une volonté d'accorder la bonté à tous.

MITSVOT

3 QUESTIONS

115 Que sont les Mitsvot (commandements) dans la Kabbalah ?

Le Torah contient quatre niveaux de compréhension, dont le plus haut est le *Sod* (secret). À ce niveau, nous comprenons que l'accomplissement de chacune des *Mitsvot* (commandements) a une influence directe sur les mondes supérieurs et sur leur direction.

La Kabbalah nous enseigne ces systèmes complexes de forces ou lumières qui affectent la direction, leurs diverses interactions et leurs nombreuses ramifications, ainsi que l'effet de l'accomplissement des *Mitsvot* sur eux.

116 Quelle est la relation entre les Mitsvot et Sephirot ?

Tel qu'il y a 613 parties dans chaque *Sephira* et *Partsouf*, 613 veines et os à l'homme et 613 parties dans l'âme, il y a également 613 *Mitsvot*. Ce nombre n'est pas arbitraire car il y a d'importantes interdépendances et interactions entre elles.

Par la prière et en accomplissant les *Mitsvot*, les hommes agissent pour faire les rectifications nécessaires afin de détacher et d'éliminer les écorces qui sont la manifestation de la force négative et qui obstruent les lumières des *Sephirot*.

117 Quel est le but des Mitsvot ?

Le but de toutes les *Mitsvot*, actes et prières est d'aider et participer aux diverses unions des *Partsoufim* et à la remontée des 288 étincelles à leur origine afin que l'homme puisse faire le *Tikoun* de son âme et du monde.

L'accomplissement des *Mitsvot* a pour rôle de :

- purifier et renforcer l'homme
- agir et influencer la direction
- aider à faire le Tikoun de la création

PRIÈRE

9 Questions

118 Qu'est-ce qu'une Tefilah (prière) ?

Une prière est un rituel composé de mots et de passages particuliers d'écritures sacrées, dont le but est l'unification des lumières supérieures (*Partsoufim*) pour une émanation d'abondance et pour la direction du monde. L'ordre des prières est basé sur les systèmes d'ascension des mondes, tel qu'expliqué dans la Kabbalah.

À ce niveau de compréhension, nous comprenons que nos *Tefilot* ont une influence directe sur les mondes supérieurs et sur leur direction. Quand on comprend les systèmes et actions des *Tefilot*, on se rend compte de l'importance de nos rituels, parce que seulement l'homme, par la prière et l'accomplissement des *Mitsvot* (commandements), peut influencer ces forces très puissantes.

119 Pourquoi doit-on prier tous les jours ?

Chaque nouveau jour est d'une nouvelle émanation qui le régit à son propre rôle et une identification particulière. Pour chaque jour, il y a de nouveaux *Zivougim* (unions) de différents aspects des *Partsoufim* (configurations) masculins et féminins.

Un jour est composé de deux parties : jour et nuit et chaque moitié est de nouveau divisée en deux (aube et jour, crépuscule et nuit). Pour chaque partie, il y a une *Tefilah*, pour les deux parties du jour : *Sha'hrit* et *Min'ha*, pour les deux parties de nuit : *'Arvit* et *Tikoun 'Hatsot*. Ainsi, chaque prière a un rôle bien défini et précis, à un moment particulier et unique.

120 Quel est le rôle des prières ?

Pour que l'abondance descende au monde, le *Partsouf* (configuration) masculin *Zeir Anpin* doit s'unir au *Partsouf* féminin *Noukva*. Il ne peut y avoir de déversement du haut vers le bas que lorsque les configurations masculines et féminines sont en union.

Pendant la semaine, le Shabbat ou les jours de fêtes et selon le temps, chaque prière a sa propre influence sur les diverses configurations pour permettre différents *Zivougim* (unions), et donc des émanations d'abondance d'intensités variables.

À partir de la première phrase 'Modé Ani'[15] récitée en ouvrant les yeux, jusqu'à la fin de la prière du matin, il y a une élévation constante et une adhérence des mondes de *'Asiah* (action), de *Yetsirah* (formation) et de *Beriah* (création) au monde d'*Atsilout* (émanation), pour finalement réaliser ce *Zivoug* (union) des *Partsoufim* masculins et féminins et recevoir ici-bas le résultat de ces unions qui est bonté, bienveillance, paix etc.

121 Quel est le but des différentes bénédictions ?

En récitant une bénédiction, avec la méditation Kabbalistique sur les mots ou les noms appropriés, nous agissons et participons directement sur le *Tikoun*

---

[15] Remerciement à D.ieu de nous avoir redonné notre âme.

(réparation) de la chose qui est bénie, ou déclenchons une action en haut dans les *Sephirot* ou *Partsoufim*.

122 Pourquoi faisons nous une bénédiction avant, et après avoir mangé quelque chose ?

Si une âme a été réincarnée dans un fruit ou dans un autre type de nourriture, en faisant la bénédiction nous faisons le *Tikoun* (réparation) de cette âme et la libérons pour qu'elle puisse monter à son origine.

123 Qu'est-ce qu'un Hekhal - (portail) ?

Dans chaque monde, il y a sept Hekhalot (portails). Leur rôle est de permettre l'adhérence et l'attachement des différents niveaux d'un monde au prochain.   Leur fonction principale est l'ascension des prières jusqu'au septième plus haut *Hekhal ; Kodesh Hakodashim*.

124 Quels sont les noms et la correspondance des Hekhalot (portails) ?

	Hekhal	Correspondance
Premier	Livnat Hasapir	Yesod et Malkhout
Deuxième	'Etsem Hashamayim	Hod
Troisième	Nogah	Netsa'h
Quatrième	Zekhut	Gevourah
Cinquième	Ahavah	'Hesed
Sixième	Ratson	Tiferet
Septième	Kodesh Kodashim	Keter, 'Hokhma et Binah

125 Qu'est-ce que la « Kavanah » - (concentration - intention) ?

Il y a différents niveaux de Kavanah. La Kavanah de base est de comprendre les mots en Hébreu et se concentrer sur l'intention des bénédictions ou de la *Tefilah* (prière). Le plus haut niveau est de comprendre et méditer sur les différents systèmes de permutation des noms de D-ieu et sur les *Partsoufim* (configurations), afin d'obtenir une action ou un résultat particulier. Chaque mot ou partie de la *Tefilah* a un rôle et une action précise dans l'unification des *Sephirot*.

126 Quel est le but des Kavanot ?

L'ordre des *Tefilot* est basé sur les systèmes d'ascension des mondes, tel qu'expliqué dans la Kabbalah. Dans chaque partie de la prière est insinué des noms ou permutations de ces noms qui agissent directement sur le but à atteindre.

À partir du premier acte le matin de *Netilat Yadayim* (lavage des mains trois fois en alternance), jusqu'à la fin de la *Tefilah*, il y a une ascension constante dans un but précis.

Les différents niveaux d'ascension sont les sept *Hekhalot* (portails) dont le plus haut est le septième ; *Kodesh Hakodashim*. Leur fonction principale est de permettre ces attachements d'une dimension à la suivante, selon un système bien établi, pendant la *Tefilah*.

Celui qui connaît les systèmes d'ascension), fait la *Kavanah* et se concentre sur les mots où les actions des *Hekhalot* (portails) sont insinuées. Son intention est d'aider dans la réalisation du *Zivoug* (union) particulier de cette *Tefilah*.

En comprenant les systèmes et actions des *Tefilot*, on se rend compte de l'importance de nos rituels qui sont plutôt dynamiques et ont le pouvoir et la force d'agir d'ici jusqu'aux mondes supérieurs, pour influencer ces forces qui font la direction.

TIKOUN

9 Questions

127 Qu'est-ce qu'un Tikoun - (rectification - action) ?

En Hébreu, le mot « Tikoun » a différentes significations. Il peut vouloir dire réparation, ou rectification, ainsi que fonction, relation ou action.

Il y a différents types de Tikounim :
- Tikounim qui ont eu lieu dans les premières émanations pour réparer les mondes.
- Tikounim pour la construction et les interdépendances des Sephirot et des Partsoufim (configurations).
- Tikounim de certains Partsoufim (fonction ou action) pour la direction des mondes.
- Tikounim (rectifications) pour les âmes.

128 Quel a été le premier Tikoun pour la réparation des mondes ?

Après la Shvirat Hakelim (brisure des vases), le premier Tikoun fut l'union des Sephirot des noms de MaH (45) et de BaN (52) en arrangements complexes, pour permettre aux Sephirot de l'aspect masculin de MaH de réparer et s'unir aux Sephirot féminines de BaN, afin qu'elles puissent se tenir dans l'arrangement de trois colonnes nécessaires pour la direction de bonté, rigueur et miséricorde.

129 Comment les Sephirot brisées furent-elles réparées ?

En premier, un attrait vers le haut fit remonter les *Kelim* (récipients) des *Sephirot* de *BaN* qui s'étaient brisées et qui descendirent dans les mondes inférieurs, vers leurs lumières. Ensuite à partir d'une nouvelle émanation émergèrent des *Sephirot* masculines de l'aspect du nom de *MaH* (45) (Bonté) pour s'unirent aux *Sephirot* féminines de l'aspect de *BaN* (52) (rigueur). C'est par cette union, que les nouvelles *Sephirot* construites alors de ces deux aspects de *MaH* et *BaN* furent réparées.

130 Comment les Tikounim des Partsoufim sont-ils réalisés ?

Les *Tikounim* (construction - interdépendance) des *Partsoufim* masculins et féminins sont réalisés par le *Zivoug* (union) des *Partsoufim* supérieurs qui donnent naissance ainsi au *Partsouf* inférieur. Les *Tikounim* d'interdépendance se font par différentes émanations d'illuminations d'énergies qu'ils se projètent entre eux, ou par l'habillement d'un *Partsouf* dans un autre.

131 Quels sont les Tikounim des Partsoufim pour la direction ?

Pour la direction, les *Tikounim* des *Partsoufim* (configurations) sont leurs actions, illuminations et interdépendances pour influencer les mondes, et leurs actions pour la remontée des étincelles de lumières qui sont tombées. Certains *Partsoufim* grandissent ou se renforcent et accentuent ainsi leur influence sur les *Sephirot* et les mondes selon le temps et les actions de l'homme.

132 Qu'est-ce qu'un Tikoun pour une âme ?

Le *Tikoun* (réparation) d'une âme se fait par la réincarnation. En accomplissant ce qu'il n'a pas accompli, ou en réparant ce qu'il devait réparer, l'homme fait le *Tikoun* nécessaire de son âme qui peut maintenant s'élever et rejoindre sa source. Si l'homme ne fait pas le *Tikoun* du niveau de son âme pour lequel il est venu, il revient et se réincarne.

133 Qu'est-ce que le Tikoun `Olam - Tikoun général ?

C'est l'objectif final de cette existence, l'harmonie entre les créatures et leur Créateur, et dans la création elle-même. Toutes les étincelles de sainteté tombées remontent à leur source, le mal et la souffrance n'existe plus. En donnant à l'homme un rôle dans le *Tikoun* général, il lui appartient maintenant d'agir et de faire les réparations nécessaires au monde. Cependant, si l'homme n'agit pas en conséquence, le *Tikoun* sera réalisé, mais au temps décidé par le Créateur.

134 Comment pouvons-nous participer à la remontée des 288 étincelles ?

Le but de tous les actes et prières des hommes dans cette existence est d'aider et participer à la remontée des 288 étincelles tombées, vers leur origine. Chaque *Mitsva* ou Prière correspond à une action particulière dans le *Tikoun* de ces dommages et à la remontée de ces étincelles de lumières. Les prières sont construites en un système très précis afin d'aider à réaliser ces élévations.

135 Quel est l'objectif final de la réunification des étincelles ?

À l'accomplissement de ce *Tikoun* d'unification entre les étincelles tombées et leurs *Kelim*, quand les dommages causés par la rupture des vases seront complètement réparés, ce sera enfin la période de la résurrection des morts et de l'arrivée du *Mashia'h*.

ÂMES

5 Questions

136 Qu'est-ce que l'âme dans la Kabbalah ?

L'âme est l'entité spirituelle à l'intérieur du corps, ce dernier étant seulement son vêtement externe. L'âme descend du monde de *Beriah* (création) et pénètre dans le corps pour un temps limité, avant de retourner de nouveau à son origine.

Elle a cinq noms : *Nefesh*, *Roua'h*, *Neshama*, *'Hayah* et *Ye'hida*, qui correspondent à ses cinq différents niveaux.

137 Y a-t-il différentes « qualités » d'âmes ?

Chaque âme a son origine dans les différents mondes et *Partsoufim*. La qualité de l'âme dépendra de quel *Partsouf* et de quel monde provient sa racine. Une âme avec une origine plus élevée, sera de qualité supérieure et aura un meilleur potentiel de compréhension et de rapprochement à son Créateur.

138 Quelles sont les différentes racines des âmes ?

Puisque ce sont les hommes qui provoquent l'union des quatre mondes, il est nécessaire que leurs âmes aient leur origine, ainsi que des cinq *Partsoufim* :

Âme	*Partsouf*	*Monde*
Nefesh	*Noukva*	*'Asiah*
Roua'h	*Zeir Anpin*	*Yetsirah*
Neshama	*Imah*	*Beriah*
'Hayah	*Abah*	*Atsilout*
Ye'hida	*Arikh Anpin*	*Atsilout*

Chaque niveau de l'âme est subdivisé en cinq niveaux. Ainsi au niveau de *Nefesh* il y a :

- *Nefesh* de *Nefesh*
- *Roua'h* de *Nefesh*
- *Neshama* de *Nefesh*
- *'Hayah* de *Nefesh*
- *Ye'hida* de *Nefesh*.

Chacun de ces niveaux de l'âme se subdivise pour chaque niveau de *Partsouf* et pour chaque monde. Par conséquent, il y a cinq niveaux d'âmes pour le *Partsouf Noukva* et il y a cinq niveaux de *Partsoufim* pour le monde du `*Asiah* etc. En outre, tel qu'il y a dans chaque monde dix *Sephirot*, chaque âme a aussi son origine correspondant à l'une d'entre elle.

139   Comment est-ce que les niveaux plus élevés d'âmes sont ils acquis ?

Les niveaux plus élevés de l'âme ne peuvent être acquis en une seule fois. La plupart des hommes ont seulement le niveau de *Nefesh*, et si ils le méritent, ils acquerront les prochains niveaux un à un en se réincarnant.

Pour atteindre le prochain niveau de son âme, l'homme doit faire le *Tikoun* (réparation) de tous les niveaux précédents. Pour acquérir son niveau de *Neshama*, il doit faire le *Tikoun* de tous les niveaux des *Sephirot* et *Partsoufim* de son *Nefesh* et *Roua'h* etc.

140 Quels sont les différents niveaux de l'âme ?

Nefesh est le premier et le plus bas niveau. Il est acquis à la naissance et avant les prochains niveaux.

Roua'h est le deuxième niveau et est acquis avant les prochains niveaux.

Neshama est le troisième niveau et ne peut être acquis qu'après avoir acquis le niveau de *Nefesh* et de *Roua'h*.

`Hayah est le quatrième niveau et ne peut être acquis qu'après les niveaux précédents. *Ye'hida* est le cinquième et plus haut niveau, il est très rarement atteint et ne peut être acquis qu'après le *Tikoun* (rectification) de tous les niveaux précédents.

RÉINCARNATION

7 Questions

141 La réincarnation existe-t-elle ?

Le Kabbalah explique en détails les différents systèmes de réincarnation des âmes. Dans son livre « Sha'ar HaGuilgulim[16] », le Ari Z'Al donne l'origine et les réincarnations de la plupart des âmes de figures bibliques importantes.

142 Qu'est-ce qu'un Gilgul (réincarnation) ?

Le Tikoun (rectification) de l'âme est réalisé par le Gilgul (réincarnation), et par le 'Ibur (attachement). Le Gilgul est la réincarnation d'une âme dès la naissance jusqu'à la mort, le 'Ibur est un attachement d'une autre âme à la sienne, qui pourrait venir et partir n'importe quand. Une fois que l'âme quitte le corps, si elle n'a pas accompli la raison de sa venue, elle remonte et attend de revenir dans un autre corps pour avoir une chance de faire le Tikoun.

Ce n'est qu'en accomplissant ce manque, que se fait le Tikoun nécessaire à cette âme, qui peut maintenant s'élever aux niveaux plus élevés et ainsi rejoindre sa source.

143 Qu'est-ce qu'un `Ibur (attachement d'une âme) ?

Pour l'aider à accomplir un acte particulier ou une Mitsva manquante, une autre âme pourrait s'attacher à son âme (`Ibur), jusqu'à ce qu'il l'accomplisse, et puis repart. La Mitsva manquante pourrait être une qu'il a choisie de ne pas

---

[16] Portes des reincarnations

faire, ou une qu'il ne pouvait accomplir dans sa vie précédente.

144 Combien de fois une âme peut-elle se réincarner ?

Tant que l'homme entreprend le *Tikoun* de son âme durant trois réincarnations, il reviendra encore et se réincarnera autant que nécessaire pour accomplir son *Tikoun*. Cependant, s'il maintient son mauvais comportement, il ne reviendra pas après la troisième réincarnation.

145 Pourquoi une âme a-t-elle besoin de se réincarner ?

Le raison de tous ces systèmes complexes de réincarnation a seulement un but : permettre à l'homme de mériter par ses propres efforts, de se rapprocher encore plus de son Créateur, en perfectionnant ses manières et en faisant le *Tikoun* de son âme. En se réincarnant, il est donné à l'âme une chance de plus pour faire son *Tikoun* final.

146 Une âme peut-elle se réincarner sous une autre forme ?

Elle pourrait se réincarner dans un des quatre types d'existence dans notre monde : minéral, végétal, animal, et homme.

147 Y aura-t-il résurrection des morts ?

La résurrection des morts est l'objectif final des six mille années. Quand un homme meurt et que son âme se sépare de son corps, ce dernier demeurera avec une étincelle d'énergie pour permettre la conservation du corps à partir du temps où l'âme l'a laissé, jusqu'à la résurrection.

FORCE NÉGATIVE

5 Questions

148 Qu'est-ce que la Sitra A'hra - (force négative) ?

La brisure des premières *Sephirot* causa une descente de tous les mondes. Le quatrième monde *'Asiah*, tomba encore plus bas, et de son extrémité, la *Sitra A'hra* ou mal, émergea.

Les *Sephirot* ont leur origine dans la *Kedousha* (sainteté) de l'Infini, mais ce type opposé d'existence ne pouvait provenir d'une source parfaite ; il ne pouvait procéder que d'un état défectueux. Sa racine est dans le manque, ou l'absence de *Kedousha*. Ces *Klipot* (écorces) obstruent les lumières des *Sephirot* et cachent l'homme de sa racine et de la lumière.

En parallèle (opposé) aux quatre mondes positifs, cette entité négative - *Sitra A'hra*, a également ses quatre mondes, avec ses dix groupes d'anges négatifs. Ces écorces se nourrissent des extrémités des plus hautes lumières, quand ces dernières se retrouvent affaiblies par les mauvais agissements des hommes. En conséquence, les anges destructifs obtiennent plus de puissance et viennent pour faire le mal dans le monde.

149 Pourquoi y a t-il « une force négative » ?

L'existence « de la force négative » a été voulue par le Créateur pour donner à l'homme le libre choix. Avec fausseté, elle essaie presque constamment de le séduire et de le faire trébucher. Pour acquérir le mérite, l'homme doit constamment essayer de surmonter sa mauvaise impulsion et faire le bien.

150   Comment « la force négative » obtient-elle sa force ?

Les bons agissements de l'homme ont un effet sur les quatre mondes supérieurs, ses mauvais agissements, sur les quatre mondes inférieurs. Ce n'est que quand l'homme pèche, que la force négative peut se renforcer et faire encore plus de mal dans le monde.

Quand les hommes agissent négativement, ils causent une détérioration qui atteint les mondes inférieurs et donnent la force aux *Klipot* - écorces de s'attacher et de se nourrir des *Sephirot* supérieures.

De même, à l'intérieur de l'homme, cet aspect négatif qui se développe dans lui, est son *Yetser Hara'* (impulsion négative), il le coupe des mondes supérieurs et le déracine de la *Kedousha*.

151   Que sont les Klipot - (écorces) ?

Les *Klipot* sont la manifestation de la force négative. Ils obstruent les lumières des *Sephirot* et cachent l'homme de sa racine et de la lumière. En raison des mauvais actes des hommes, les *Klipot* obtiennent leur force et font le mal dans le monde en s'attachant aux lumières supérieures.

152 Quels sont les différents niveaux de Klipot ?

Il y a quatre principaux niveaux de *Klipot* qui correspondent aux quatre mondes négatifs, qui comportent également des *Sephirot* et des *Partsoufim* comme dans les mondes positifs.

ANGES

6 Questions

153 Qu'est-ce qu'un ange ?

Un ange est une entité spirituelle créée pour un but spécifique. Il n'a aucun libre choix et agit selon la volonté du Créateur.   Le monde des anges est le troisième monde ; `Olam Yetsirah - le monde de la formation.

154 Quels sont les différents types d'anges ?

Il y a deux types d'anges : les anges de la nature qui ont été créés au début du monde ; ils sont en charge de la nature. Le deuxième type sont les anges de « récompense et punition ». Ils accomplissent la volonté de la lumière divine à l'intérieur des Sephirot et sont renouvelés constamment selon les agissements des hommes.

155 Combien de groupes d'anges y a t-il ?

Les anges de la paix font dix groupes et servent les dix Sephirot du monde positif, alors que les anges de la destruction qui font aussi dix niveaux servent les dix Sephirot du monde négatif.

Les dix groupes d'anges positifs sont divisés comme suit : trois groupes dans le monde de Beriah (création), six groupes dans le monde de Yetsirah (formation), et un groupe dans le monde de 'Asiah (action).

156 Y a-t-il des anges négatifs ?

L'autre entité, qui s'appelle la *Sitra A'hra* - (l'autre côté, ou la force négative) a ses propres anges comme dans le monde positif, mais d'une force inférieure. Ses anges destructifs se subdivisent aussi dans le même ordre ; selon leur importance, ils proviennent de leurs propres mondes de *Beriah*, *Yetsirah* ou *'Asiah*.

157 Les anges ont-ils le libre choix ?

Les anges ont seulement le *Yetser Tov* – l'impulsion positive et la plupart ne sont créés que pour une unique mission.

158 Les hommes sont-ils supérieurs aux anges ?

Les hommes sont considérés supérieurs aux anges parce que l'origine de leur âme est d'un monde encore plus haut. Le fait que seulement les hommes ont le libre choix pour faire le bien ou le mal, leur donne un mérite que les anges n'ont pas.

GEMATRIA

2 Questions

159 Qu'est-ce que la Gematria ?

Gematria ou Numérologie est l'addition des valeurs numériques des lettres des mots. Chaque lettre Hébreu a sa propre valeur numérique, et le fait que des mots ont la même valeur numérique n'est pas simplement une coïncidence, mais dénote plutôt une similitude ou une complémentarité. Des significations cachées ou secrètes sont sous-entendues dans le total mathématique des mots, ou en employant différents systèmes de *Gematriot*.

160 Combien de types différent de Gematriot y a t-il ?

Il y a sept types principaux de *Gematriot* :
- *Ragil*
- *Katan*
- *HaKlali*
- *Kolel*
- *HaKadmi*
- *HaPerati*
- *Milouy*

1 - *Ragil* : les nombres de lettres sont comme suit :

De	À	Valeur
א	ט	1 - 9
י	צ	10 -90
ק	ת	100 - 400
ך	ץ	500 -900

Ex : הארץ = 1106

2 - *Katan* : les dix et les centaines sont réduits à un chiffre.

De	À	Valeur
א	ט	1 - 9
'	צ	1 - 9
ק	ת	1 - 4
ך	ץ	5 -9

Ex : הארץ = 17

3 - *HaKlali* : la valeur *Ragil* du mot au carré

Ex : הארץ = 1106 * 1106 = 1 223 236

4 - *Kolel* : la valeur de *Ragil* du mot + les nombres de lettres, ou + 1 pour le mot.

Ex : הארץ = 1106 + 4 = 1110 ou 1106 + 1 = 1107

5 - *HaKadmi* : chaque lettre a sa valeur de *Ragil* plus le total de toutes celles qui la précèdent.

De	À	Valeur
א	ט	1 - 45
'	צ	55 – 495
ק	ת	595 –1495
ך	ץ	1995 – 4995

Ex : הארץ = 15+1+795+4995 = 5806

6 - *HaPerati* : chaque lettre est au carré.

Ex : הארץ = 5 * 5 = 25, 1 * 1 = 1
200 * 200 = 40 000, 900 * 900 = 810 000 Total = 850 026

7 - *Milouy* : la somme de l'épellation de chaque lettre.

Lettre	*Milouy*	Valeur
ה	הא	6
א	אלף	111
ר	ריש	510
ץ	צדי	104

Ex : הארץ = 731

Translittération des lettres

Lettre	Nom	Équivalent	Translitération
א	Aleph	A, O, E, I	A, O, E, I
ב	Beit	B, V	B, V
ג	Gimel	G	G
ד	Dalet	D	D
ה	He	H	H
ו	Vav	V	V
ז	Zain	Z	Z
ח	'het		'h
ט	Tet	T	T
י	Yud	Y	Y
כ	Khaf	C, K, KH	C, K, KH
ל	Lamed	L	L
מ	Mem	M	M
נ	Nun	N	N
ס	Samekh	S	S
ע	'ain		'
פ	Pey	P, F	P, F
צ	Tsadey	TS	TS
ק	Kuf	C, K	C, K
ר	Resh	R	R
ש	Shin	S, SH	S, SH
ת	Tav	T	T

141

Glossaire

א"ק
A"K
Adam Kadmon
Initiales

אבא
Abah
Partsouf Abah
L'un des cinq *Partsoufim* principaux (configurations). C'est la *Sephira* `Hokhma*.

אבא ואמא
Abah Ve Imah
Partsoufim Abah et *Imah*
Ces deux *Partsoufim* (configurations) sont essentiels pour la direction des mondes, *Abah* est la *Sephira* `Hokhma*, *Imah* est la *Sephira Binah*.

אבחנה
Av'hana
Distinction - perspicacité
Compréhension de la signification plus profonde ou interprétation Kabbalistique.

אבר
'Ever
Organe – membre
Dans le langage de la Kabbalah, des anthropomorphismes sont employés uniquement pour illustrer la puissance ésotérique de ces forces.

אדם קדמון
Adam Kadmon
Homme primordial - monde au-dessus de *Atsilout*

Cette première configuration, ou premier monde où les lumières émanées furent arrangées en dix *Sephirot* linéaires.

אדנ - י .

Adona-y

Un des noms de D-ieu, représentés par la *Sephira Malkhout*.

אהי – ה

AHY-H

Un des noms de D-ieu, représenté par la *Sephira Keter*.

אור

Or

Lumière

Nom utilisé pour décrire une émanation, une force ou énergie.

אחור

A'hor

Derrière - dos

En général cela représente la rigueur.

אחר

A'her

Autre

Nom également utilisé pour l'autre force ou coté négatif.

אילן

Ilan

Arbre

La disposition des *Sephirot* dans l'arrangement des trois piliers s'appelle l'arbre *Sephirotique*.

אין סוף
Ein Sof
Sans fin ou limite - Infini
Un des noms de D-ieu.   C'est le nom de D-ieu le plus souvent utilisé dans la Kabbalah.

אלוה - ים
Elohi-m
Un des noms de D.ieu, représenté par la *Sephira Gevourah*. En général, il dénote la rigueur dans les actions de D-ieu.

אמא
Imah
Partsouf Imah
Une des cinq configurations principales. C'est la *Sephira Binah*.

אצילות
Atsilout
Monde de l'émanation
Le plus haut des quatre mondes, au-dessus des mondes de *Beriah*, *Yetsirah* et de *'Asiah*. De *Atsilout* ont émané tous les mondes inférieurs qui sont la source d'existence pour les entités séparées et physiques.

אצילות בריאה יצירה עשייה
Atsilout, Beriah, Yetsirah et `Asiah
De la première configuration, *Adam Kadmon* (homme primordial) des émanations firent les quatre mondes inférieurs.   Le premier monde est *Atsilout* - le monde de l'émanation. Sous le diviseur d'*Atsilout* est le monde de

Beriah (création) - le monde des *Neshamot* (âmes). Sous le diviseur de *Beriah* est le monde de *Yetsirah* (formation) - le monde des anges. Sous le diviseur de *Yetsirah* est le monde de *'Asiah* (action) - le monde physique.

אריז"ל
Ari Z'Al
Rabbi Its'hak Luria Ashkenazi
Né à Jérusalem en 1534, mort en 1572 à Tsfat, Israel. Il était le principal Kabbaliste de Tsfat, il expliqua et clarifia tous les principaux concepts de la Kabbalah. Il est l'auteur du «'Ets `Haim».

אריך אנפין
Arikh Anpin
Partsouf - long visage
C'est le *Partsouf* (configuration) principal dans chaque monde. Tous les autres *Partsoufim* sont ses «branches ».

אתב"ש
ATBaSH
Permutation de lettres pour comprendre des significations cachées de mots. La première lettre remplacée par la dernière, la seconde par l'avant dernière etc.

ב"ן
BaN (52)
Milouy (épellation) du nom de ה-ו-ה-י avec un total de 52. Il correspond à l'aspect féminin – rigueur.

בינה.
Binah
Sephira (discernement), troisième des *Sephirot*.

ברוך הוא

Barukh Hu, ou B' H

Béni Il est.

Généralement utilisé après la prononciation ou l'écriture des noms de D-ieu.

בריאה.

Beriah

Monde de la création - des âmes

Le deuxième monde à se dévoiler s'appelle *Beriah* ; le monde de la création. C'est le monde des *Neshamot* (âmes). Il est sous *Atsilout* et au-dessus de *Yetsirah* et *'Asiah*.

בר יוחאי

Bar Yo'hay

Rabbi Shim'on Bar Yo'hay

Pour échapper aux Romains, il entra pour se cacher avec son fils Rabbi El'azar dans une caverne pendant treize ans et y composa le Zohar.

ברכה.

Berakhah

Bénédiction.

En disant la bénédiction avec la méditation Kabbalistique sur les mots ou les noms appropriés, nous agissons et participons directement sur le *Tikoun* (réparation) de la chose étant bénie.

ג ' ראשונות.

Shalosh Rishonot

Les trois premières *Sephirot* :   *Keter, 'Hokhma, Binah*

ג"ר
G"aR
Initiales des trois premières *(Shalosh Rishonot)*

גבול
Gevoul
Frontière - limite
En mettant des frontières à Sa lumière, le Créateur révéla les concepts de rigueur et de limite requis pour les êtres créés, et leur donna ainsi un espace d'existence.

.גבורה
Gevourah
Rigueur
Les résultats de sa lumière une fois filtrés par la *Sephira Gevourah* émanent la rigueur. La rigueur est la plupart du temps manifestée par tous les aspects féminins tel que : le nom de *BaN* (52), la *Sephira Gevourah*, et par le voilement des aspects masculins qui représentent la bonté.

גבורה
Gevourah
Sephira (rigueur)
Cinquième *Sephira*.

גימטריה
Gematria
Valeurs numériques des lettres Chaque lettre a sa propre valeur numérique. Le fait que des mots aient la même valeur numérique n'est pas simplement coïncidence, mais dénote une similitude ou une complémentarité.

גלגול
Gilgul
Réincarnation

Le *Tikoun* de l'âme est souvent réalisé par le *Gilgul* (réincarnation), ou l'âme revient dans un autre corps afin d'accomplir un manque ou rectifier une faute.

גן עדן
Gan 'Éden
Le jardin d'Éden

L'endroit de repos pour les *Neshamot* (âmes) après leur séparation d'avec leurs anciens corps physiques. Il y a un Gan 'Eden inférieur et supérieur.

גן עדן תחתון
Gan Éden Takhton
Le jardin d'Éden inférieur

Dans le *Gan `Éden* inférieur, les *Neshamot* (âmes) apprécient les plaisirs spirituels mais ont toujours un corps spirituel qui ressemble à leurs anciens corps.

גן עדן עליון
Gan 'Éden 'Elyon
Le jardin d'Éden supérieur

Dans le *Gan 'Éden* le plus élevé, les *Neshamot* (âmes) apprécient des plaisirs spirituels purs, et n'ont plus d'image spirituelle ressemblant à leurs anciens corps.

גשמיות.
Gashmiout
Corporalité

Les possibilités d'existence pour les entités séparées sont devenues possibles, seulement une fois distancées de l'intensité de Sa lumière. Plus la distance est grande plus la corporalité est possible.

דו"ן
Du"N
Masculin et féminin
Initiales

דוכרין ונוקבין
Dukhrin Ve Nukvin
Masculin et féminin
Voir Main Doukhrin, Mayin Noukvin

דומם, צומח, חי, מדבר
Domem, Tsomeakh, 'Hay, Medaber
Minéral, végétal, animal et parlant
En parallèle aux quatre mondes d'*Atsilout*, *Beriah*, *Yetsirah* et *'Asiah*, il y a quatre types d'existence dans notre monde : minéral, végétal, animal, et parlant.

דעת
Da'at
Sephira (connaissance)
Quatrième des *Sephirot*.

דעת
Da'at
La connaissance
La connaissance essentielle est celle de la volonté du Créateur et de Ses voies de direction dans cette existence, tel qu'expliqué dans la Kabbalah.

הארה
Hearah
Illumination
Illumination particulière d'une lumière pour un but spécifique.

הוד.
Hod
Sephira - gloire
Huitième des *Sephirot*.

הוי"ה
HaVaYaH
Une des façons de mentionner le Tetragamon י׳ - ה - ו - ה sans le prononcer.

היכל
Hekhal
Portail - niveau
Les *Hekhalot* sont les différents niveaux d'ascension des prières avant d'atteindre le *'Olam Atsilout* pendant la *'Amidah*.

הנהגה
Hanhagah
Direction
La direction des mondes est faites par l'influence des *Sephirot* et des *Partsoufim* (configurations).

הרחקה.
Har'hakah
Distancer

La distance dénote un contraire ou une incompatibilité. Les possibilités d'existence pour les entités séparées ne sont devenues possibles, qu'une fois distancées de l'intensité de Sa lumière.

השגה.

Hasagah

Compréhension

Pour atteindre un plus haut niveau de connaissance et de compréhension, on doit faire l'effort d'étudier le *Sod* (secret) de la Torah qui est la Kabbalah.

השתלשלות

Hishtalshelout

Évolution - Série d'événements

Dans la Kabbalah, la *Hishtalshelout* est la série d'événements à partir du premier acte dans la création qui est le « *Tsimtsoum* » (rétraction), jusqu'aux arrangements complexes qui font la direction des mondes.

ז ' מלכים

Sheva' Malkhin

Sept rois

Les sept rois d'Edom qui sont morts (Bereshit, 36, 31), correspondent aux sept *Sephirot* inférieures qui se sont brisées pendant la *Shvirat Hakelim* (brisure des vases).

ז"א

Z'A

Zeir Anpin (petit visage)

Initiales du *Partsouf Zeir Anpin*, utilisées plus souvent que le nom au complet.

Voir *Zeir Anpin*

ז"ת

Za'T

Zain Takhtonot

Initiales : Sept inférieures

זו"ן

Z"uN

Zeir Anpin et *Noukva*

Initiales des *Partsoufim Zeir Anpin* et *Noukva*, utilisées plus souvent que les noms au complet.

זוהר

Zohar

Le livre de la splendeur, écrit par Rabbi Shim'on Bar Yo'hay. Le Zohar est l'explication ésotérique et mystique de la Torah et la base de la plupart des écrits de Kabbalah.

.זיו

Ziv

Rayonnement - illumination

Une lumière supérieure peut illuminer une inférieure pour l'influencer, ou pour créer une nouvelle émanation.

זיווג

Zivoug

Union

Le *Zivoug* est l'union du masculin avec son féminin. Tous les effets des émanations supérieures sont le résultat des différentes unions de lumières masculines et féminines. Le rôle de l'homme est d'aider et provoquer ces unions de configurations afin d'obtenir un résultat.

זין תחתונות
Zayin Takhtonot
Sept inférieurs

Les sept *Sephirot* inférieures : 'Hesed, *Gevourah*, *Tiferet*, *Netsa'h*, *Hod*, *Yesod*, *Malkhout*.

זכר
Zakhar
Masculin

Il y a des *Partsoufim* masculins qui accordent la bonté, et des *Partsoufim* féminins qui accordent la rigueur. Par leurs unions, différents équilibres de ces deux forces (bonté et rigueur) font la direction.

זעיר אנפין
Zeir Anpin
Partsouf Zeir Anpin (petit visage)

Zeir Anpin (Z'A) se compose des sept *Sephirot* inférieures : 'Hesed, *Gevourah*, *Tiferet*, *Netsa'h*, *Hod*, *Yesod* et *Malkhout*. C'est la principale configuration par rapport à la manifestation de la direction dans notre monde.

חבד.
`HaBaD
`Hokhma, *Binah* et *Da'at*

Initiales du premier triplet de *Sephirot* : `Hokhma, *Binah* et *Da'at*.

חגת.
`HaGaT
'Hesed, *Gevourah* et *Tiferet*

Initiales du deuxième triplet des *Sephirot* : 'Hesed, *Gevourah* et *Tiferet*.

חומר

'Homer

Matériel - Physique

La matérialité ne se retrouve que dans le monde inférieur `Asiah - action.

חוץ.

'Houts

Dehors

Dénote une position de non compatibilité ou d'un contraire.

חושך

'Hoshekh

Obscurité

État de distance de la *Kedousha* et de proximité à la *Sitra A' hra* (côté négatif).

חיבור

'Hibour

Attachement

Toutes les *Sephirot* et *Partsoufim* ont un certain degré d'attachement entre eux.

חיה

'Hayah

Quatrième niveau de l'âme

`Hayah* est le quatrième niveau de l'âme et ne peut être acquis qu'après les niveaux précédents.

חיות

'Hayout

Vie

Toute vie, positive ou négative n'a qu'une origine ; D.ieu, l'unique Créateur et source de toutes vies.

חיצוניות

'Hitsoniout

Extériorité

La force extérieure ou négative - *Sitra A'hra* s'appelle également extériorité.

חכמה

'Hokhma

Sephira - sagesse

Deuxième des *Sephirot*.

חכמת האמת

'Hokhmat HaEmet

La connaissance de la vérité

Un des noms de la Kabbalah.

.חלל

'Hallal

Espace - vide

L'espace vacant laissé par le *Tsimtsoum* (rétraction) de Sa lumière.

חסד

'Hesed

Générosité - bonté

La bonté est manifestée par le positionnement et l'interaction des différents *Partsoufim* masculins et féminins.

חסד

'Hesed

Sephira (bonté)

Quatrième des *Sephirot*.

חסד, גבורה, תפארת
'Hesed, Gevourah et Tiferet
Deuxième triplet des *Sephirot*.

טמא
Tameh
Impur
État de distance de la *Kedousha* et de proximité à la *Sitra A'hra* (force négative).

י -הוה
Adona-y
Y-H-V-H Tetragamon (י ־ ה ־ ו ־ ה)
Le nom principal de D.ieu, indique la bonté et la pitié, représenté par la *Sephira Tiferet*. Les forces ou les énergies créatrices sont les différentes puissances investies dans les lettres du nom de D.ieu ה ־ ו ־ ה ־ י , et les diverses lettres supplémentaires ajoutées pour faire leurs différentes épellations.

יום.
Yom
Jour
Chaque nouveau jour est d'une nouvelle émanation qui le régit.

יחוד.
Yi'Houd
Unification - union
L'union des *Sephirot* ou des *Partsoufim* pour le *Zivoug* et pour la descente de l'abondance.

יחודו

Yi'houdo

Son Unicité

La lumière de D.ieu est unique, de force et qualité égale, et au-delà de toute description.

יחידה

Ye'hida

Cinquième niveau de l'âme

Ye'hida est le cinquième niveau et ne peut être acquis qu'après tous les niveaux précédents.

יסוד

Yesod

Sephira (fondement)

Neuvième des Sephirot.

יצירה

Yetsirah

Monde de la formation - des anges

Le troisième monde à se dévoiler s'appelle Yetsirah ; le monde de la formation, le monde des anges. Il est sous Atsilout et Beriah et au-dessus de Asiah.

יצר.

Yetser

Instinct - impulsion

Le Yetser Hatov correspond au bon ou à l'impulsion positive chez l'homme, le Yetser Hara' est sa mauvaise ou négative impulsion.

ירושלים

Yerushalaim

Jérusalem

L'endroit le plus rapproché des émanations de D.ieu.

ישסו " ת.

ISOT

Partsoufim Israel Saba et *Tevounah*

Initiales

ישסו"ת ב

ISOT 2

Deuxième *Partsoufim* de *Israel Saba* et *Tevounah*

Initiales

כוונה.

Kavanah

Intention - concentration

Kavanah est de comprendre les mots, le sens, et se concentrer sur l'intention de la bénédiction ou de la *Tefilah* (prière).

כחב

Ka'HaB

Keter, `Hokhma, Binah Initiales

כיסא

Kisey

Trône

Il y a trois types principaux de trônes :

- Kisey HaDin - trône de justice
- Kisey Hakavod - trône de gloire
- Kisey' *Ra'hamim* - trône de la miséricorde

כלי

Keli

Récipient

Chaque *Sephira* se compose d'un récipient appelé *Keli*, qui contient sa partie de lumière appelée *Or*.

.כתר

Keter

Sephira - couronne

La première et plus importante des *Sephirot*.

כתר, חכמה, בינה

Keter, `Hokhma, Binah

Les trois premières *Sephirot*, souvent appelées Ga'R ; Shalosh Rishonot (trois premières).

לאה

Leah

Leah - *Partsouf Noukva*

Le *Partsouf Noukva* comporte deux *Partsoufim* distincts (configurations) : Ra'hel et Leah, *Partsouf* Leah est de l'aspect de la rigueur.

להחמיר

LeHa'Hmir

Etre plus rigoureux

Etre méticuleux et rigoureux sur tous les détails, en accomplissant une *Mitsva* ou en faisant une *Tefilah*.

לוצאטו

Luzzatto

Rabbi Moshé `Haim Luzzatto - Ramhal

Né à Padoue, en Italie en 1707, mort en Israel en 1746. Rabbi Moshé `Haim Luzzatto était un auteur très prolifique et a écrit sur les tous les aspects de la Torah et de la Kabbalah.

לקבל.

Lekabel

Recevoir

Le mot Kabbalah vient du verbe Lekabel (recevoir), mais pour recevoir, il est d'abord nécessaire de vouloir et de devenir un *Keli* (récipient) capable de recevoir et de contenir cette connaissance.

מ"ה

MaH (45)

Milouy (épellation) du nom י-ה-ו-ה avec un total de 45

Le nom de *MaH* (45) est le *Milouy* (épellation) de א, qui est un (ו) (Vav) ligne au milieu (miséricorde) qui unit deux י (Youd) (bonté et rigueur). Il est d'un aspect masculin et représente la bonté.

מ"ן

MaN

Mayin Noukvin (eaux féminines)

Initiales

מוחין

Mo'hin

Cerveaux

Les *Mo'hin* sont la force directive donnée au *Partsouf* (configuration).

מיין דוכרין
Mayin Doukhrin
Eaux masculines
Une des deux émanations allégoriquement appelée eaux masculines car elle provient d'en haut.

מיין נוקבין
Mayin Noukvin
Eaux féminines
Une des deux émanations allégoriquement appelée eaux féminines car elle provient d'en bas.

מילוי
Milouy
Épellation
Selon les lettres qui sont employées, la valeur numérique d'un nom change et chacune de ces possibilités devient différente dans sa nature et actions.

מלאכים.
Malakhim
Anges
Le monde des anges est le troisième monde ; `Olam *Yetsirah* - le monde de la formation.

מלכות.
Malkhout
Sephira (royauté)
Dixième des *Sephirot*.

מעשה בראשית
Ma'ase Bereshit
Travaux ou actes de la création.

Nom donné pour tous les détails du début de la création, du *Tsimtsoum*, des premiers mondes, *Sephirot* etc.

מעשה המרקבה
Ma'ase Hamerkava
Travaux ou actes du char merveilleux.
Nom donné pour tous les détails des *Sephirot*, *Partsoufim*, *Tikounim* et des *Zivougim* qui influencent ou font la direction.

מצוה.
Mitsva
Commandement
Comme il y a 613 *Mitsvot*, il y a 613 veines et os à l'homme, 613 parties à l'âme et chaque *Sephira* et *Partsouf* contiennent également 613 parties. Ce nombre n'est pas arbitraire, car il y a des interdépendances et interactions importantes entre eux.

מקובל.
Mekoubal
Kabbaliste - Accepté
Un Mekoubal est une personne qui est acceptée pour recevoir cette connaissance, et qui peut la contenir en menant une vie dans la droiture et dans le chemin de la Torah afin de constamment se renforcer.

מקום.
Makom
Endroit - Espace
Jusqu'à ce que le monde ait été créé, Lui et Son Nom étaient un. Quand Il a désiré créer, Il contracta Sa lumière pour créer tous les êtres en leur donnant un espace.

מקור.

Makor

Source - origine

Chaque émanation a sa source dans les mondes plus élevés

מרקבה.

Merkavah

Char

Les *Partsoufim* (configurations), *Sephirot* et l'arbre *Sephirot*ique avec toutes leurs interdépendances, actions et illuminations

משל.

Mashal

Allégorie

Utilisée parfois pour expliquer ou illustrer des concepts difficiles.

מתלבש.

Mitlabesh

Habiller

Les *Partsoufim* s'habillent un dans l'autre. Le *Partsouf* supérieur s'habillera à l'intérieur de celui en-dessous pour le diriger.

נהי

NeHY

Netsa'h, *Hod* et *Yesod*

Initiales du troisième triplet de *Sephirot* : *Netsa'h*, *Hod* et *Yesod*.

166

נוטריקון
Notrikoun

Acronyme

Notrikoun est une méthode d'interprétation dans laquelle les initiales de différents mots font un nouveau mot.

אל מלך נאמן = אמן

נוקבא
Noukva

Féminin - *Sephira Malkhout* – *Partsouf* Ra'hel, et Leah

Le *Partsouf* (configuration) *Noukva* représente le féminin, le principe de la réception. Il comporte deux *Partsoufim* distincts : Ra'hel et Leah.

ניצוצות
Nitsoutsot

Étincelles

Pour soutenir les sept *Sephirot* après qu'elles se soient cassées, 288 étincelles de leurs lumières sont descendues aussi, car un raccordement à leurs lumières originales était nécessaire afin de les maintenir vivantes.

נמשל
Nimshal

Morale

Utilisée parfois pour expliquer ou illustrer des concepts difficiles.

נפש
Nefesh

Âme - premier niveau de l'âme

Nefesh est le premier et plus bas niveau de l'âme.

נפש, רוח, נשמה, חיה, יחידה

Nefesh, Roua'h, Neshama, 'Hayah et Ye'hida

L'âme a cinq noms : *Nefesh*, *Roua'h*, *Neshama*, *'Hayah* et *Ye'hida*, qui correspondent à ses cinq niveaux. L'âme est l'entité spirituelle à l'intérieur du corps, ce dernier étant seulement son vêtement externe.

נצח.

Netsa'h

Sephira (splendeur), septième des *Sephirot*.

נקבה.

Nekevah

Femelle - féminine

La rigueur est manifestée par tous les aspects féminins et par la dissimulation des aspects masculins, qui représentent la bonté.

נקודות

Nekoudot

Voyelles - Ponctuation - Points

Chaque voyelle correspond à une *Sephira*. En combinaison avec les lettres, elles dévoilent une facette de l'identité intérieure du mot.

נר"ן

NaRaN

Nefesh, Rua' h, *Neshama*

Initiales des trois premiers niveaux d'âmes.

נשמה.

Neshama

Âme - troisième niveau de l'âme

Neshama est le troisième niveau et ne peut être acquis qu'après les niveaux de Nefesh et de Roua'h.

ס"ג

SaG (63)

Milouy (épellation) du י - י - ה - ו - ה avec un total de 63.

Le nom de SaG est le deuxième niveau des quatre noms pour un total de 63.

ס"מ

S"M

Initiales du principal ange destructif.

סגולה.

Segoulah

Remède - protection

Noms, ou combinaisons des noms des anges avec les signes ou les incantations spéciaux, écrits sur du parchemin pour se protéger, ou pour appeler des puissances particulières.

סוד - סודות

Sod - ot

Secret - s

Par la connaissance de la Kabbalah, nous pouvons arriver à un niveau de compréhension supérieur et arriver en quelque sorte, à 'décoder' les profonds secrets de la Torah.

סיטרא אחרא
Sitra A'hra
Force négative
La *Sitra A'hra* se retrouve dans le manque, ou l'absence de *Kedousha*.

ספירה
Sephira
La lumière de D.ieu est unique et de force et qualité égales. Une *Sephira* est en quelque sorte un « filtre » qui transforme cette lumière en une force ou attribut particulier, par lesquels le Créateur guide les mondes.

ספירות
Sephirot
Pluriel de *Sephira*
Voir *Sephira*

ספירות הישר
Sephirot HaYashar
Sephirot droite
Sephirot arrangées en trois colonnes : droite, gauche et milieu, représentant la direction du monde de la façon de *'Hesed*, *Gevourah* et Ra'hamim (bonté, rigueur et miséricorde).

ספירות העיגולים
Sephirot Ha'Igulim
Sephirot circulaires
Ces dix *Sephirot* sont responsables de la direction générale des mondes et ne sont pas influencées par les actions des hommes.

ע"ב

'A"V

Milouy (épellation) du Nom ‎י-ה-ו-ה‎ avec un total de 72

Le nom de 'A"V est du plus haut niveau des quatre noms 'A"V, SaG, MaH et BaN

עב, סג מה, בן

'A"V, SaG, MaH, BaN

Épellation du Nom ‎י-ה-ו-ה‎ selon les quatre totaux de 72, 63, 45, 52

Il y a différentes façons d'épeler chacune des quatre lettres du nom de D.ieu ‎ה - ו - ה – י‎. Comme chaque lettre représente une valeur numérique, le total du nom épelé en entier change. Ainsi, chacune de ces épellations fera un nouveau nom ayant une identité, un rôle et une force particulière.

עבודה

'Avodah

Service - devoir

Prières, accomplissement des commandements etc.

עולם

'Olam

Monde

Un `Olam est une possibilité et un type d'existence dans une dimension particulière.

עשיה.

'Asiah

Monde de l'action - de l'homme

Le quatrième monde à se dévoiler s'appelle 'Asiah (action) - le monde de l'existence physique.

עשר.

`Eser

Dix

Nombre de *Sephirot* dans chaque monde, ainsi que dans chaque *Sephira*, *Partsouf* ou configuration. Presque tout ce qui existe se manifeste en dix énergies.

עת.

`Et

Temps - moment

Chaque moment est différent, a sa propre identité et peut être décrit en tant que différentes permutations des noms de D-ieu, ainsi que par les diverses *Sephirot* et *Partsoufim*.

עתיק יומין

'Atik Yomin

Partsouf - Ancien

Le *Partsouf* *'Atik Yomin* est le plus rapproché des hautes émanations et donc supérieur à tous les autres *Partsoufim*.

פנימיות.

Pnimiout

Intériorité

Ce qui est dedans ou intérieur.

S'applique en outre à une signification ou à une spiritualité plus profonde.

פרצוף.

Partsouf

Configuration - visage

Un *Partsouf* est une configuration de une ou plusieurs *Sephirot* agissant en coordination.

פרצופים.

Partsoufim

Configurations

Voir *Partsouf*

צדיק.

Tsadik

Juste

État de proximité maximum à la *Kedousha* et de distance de la *Sitra A'hra* (force négative). Attribué aussi à la *Sephira Yesod*.

צינור.

Tsinor

Conduit

Une *Sephira* est en quelque sorte un « conduit » qui transforme la lumière de D-ieu en une force ou qualité particulière, par lesquelles le Créateur guide les mondes.

צל"ם

Tselem

Mo'hin (cerveaux) de *Z'A*

Les *Tselem* sont la force directive - *Mo'hin* (cerveaux) donnée à la configuration Zeir Anpin.

צמצום

Tsimtsoum

Contraction - rétraction

Le « *Tsimtsoum* » est le premier acte de l'*Ein Sof* (Infini) dans la création. C'est la rétraction de Sa lumière d'un certain espace et l'encerclant, afin de réduire son intensité et permettre aux êtres créés d'exister.

קבלה
Kabbalah

La Kabbalah est l'explication mystique et ésotérique de la Torah. Elle enseigne le déploiement des mondes, les diverses manières de direction de ces mondes, le rôle de l'homme dans la création, la volonté du Créateur et plus.

קבלה מעשית
Kabbalah Ma'asit
Kabbalah pratique

L'autre type de Kabbalah, où des noms ou combinaisons de noms d'anges sont employés avec des signes ou incantations, parfois écrits sur un parchemin, pour appeler ces puissances particulières à agir ou changer les états normaux d'événements.

קדוש.
Kadosh
Saint

État de proximité à la *Kedousha* et de grande distance à la *Sitra A'hra* (force négative).

קדוש ברוך הוא
Kadosh Baroukh Hou
Saint et béni il est
Un des noms de D.ieu.

קדושה
Kedousha
Sainteté

État de sainteté où il n y a pas de présence du mal. En accomplissant les *Mitsvot* et par les prières, les hommes font les *Tikounim* (rectifications) nécessaires pour détacher les *Klipot* - écorces du mal, de la *Kedousha*. Le but final étant de créer une distance maximum entre la *Sitra A'hra* (force négative) et la *Kedousha*.

קו

Kav

Rayon - ligne

Rayon de lumière qui a émergé du *'Ein Sof* (Infini) et est entré d'un côté du '" Hallal " (l'espace vide).

קודשא בריך הוא

Koudsha BerikhHu

Saint et béni il est (Araméen)

Voir Kadosh Baroukh Hou

קליפות

Klipot

Écorces (forces négatives)

Les *Klipot* sont la manifestation de la force négative.

קלקול.

Kilkoul

Détérioration - dommage

Kilkoul est l'opposé de *Tikoun* (rectification).

קמיע

Kmi'a

Amulette

Noms, ou combinaisons de noms d'anges, avec des signes ou incantations particulières écrits sur un parchemin, pour protéger ou appeler certaines puissances à agir.

רוח
Roua'h
Âme – deuxième niveau de l'âme

Roua'h est le deuxième niveau de l'âme, il est acquis après le premier niveau de *Nefesh* et avant les prochains niveaux.

רוחני
Rou'hani
Spirituel

Une personne spirituelle donnera de l'importance à la signification plus élevée des choses et vivra dans un chemin de droiture pour se renforcer constamment.

רחל.
Ra'hel
Partsouf Noukva - Ra'hel

Partsouf Ra'hel est l'essentiel de la configuration féminine *Noukva*.

רמח"ל
Ram'hal
Initiales de Rabbi Moshé `Haim Luzzatto

רע.
Ra'
Mal - Mauvais

Voir *Sitra A'hra*

רפ"ח נצוצות
Rapa'h Nitsoutsot
288 étincelles

Voir Nitsoutsot

רצון להשפיע
Ratson Lehashpia
Volonté à accorder
La volonté du Créateur est d'accorder la bonté à ses créatures.

רצון לקבל
Ratson Lekabel
Désir de recevoir
Par sa nature, l'homme est lui-même un *Keli* (récipient) avec une volonté de recevoir sans limites.

רשימו.
Reshimu
Impression - trace
Impression ou trace de la première lumière qui est demeurée à l'intérieur de l'espace vacant après le *Tsimtsoum*.

שבירת הכלים
Shvirat Hakelim
Brisure des vases
Les vases – réceptacles des sept *Sephirot* inférieures de l'aspect du nom de *BaN* ne pouvaient retenir l'afflux de leurs lumières et se sont cassés. Cela causa un dommage important lors de la création et donna au mal une possibilité d'exister.

שבת
Shabbat
Le septième jour, Shabbat correspond à la septième *Sephira* ; *Malkhout*.

שורש.

Shoresh

Chaque chose ou existence a sa racine dans les forces ou énergies supérieures.

שכינה

Shekhina

Présence divine.
Un des noms de D-ieu.

שכר

Sakhar

Récompense

La direction du monde est basée sur un système de justice, de récompense et de punition. Cette direction est exercée par les *Sephirot* linéaires.

שער.

Sha'ar

Porte

Entrée ou portique à une connaissance ou à une dimension de compréhension.

תא חזא

Ta 'Hazé

Viens voir, prête attention, expression fréquemment utilisée dans le Zohar.

תורה

Torah

La Kabbalah est l'explication mystique et ésotérique de la Torah. Tous les secrets profonds expliqués dans la

Kabbalah, sont faits référence dans les lettres, les mots et les différentes histoires relatées dans la Torah.

תחית המתים
T'hiyat Hametim
Résurrection des morts
Objectif final des six mille années.

תיקון.
Tikoun
Réparation ou rectification
En Hébreu, le mot « *Tikoun* » a différentes significations. Il peut être compris comme réparation ou rectification mais également comme fonction, relation ou action.

תפארת
Tiferet
Sephira (beauté)
Sixième des *Sephirot.*

תפילה.
Tefilah
Prière
Rituels journaliers établis selon un ordre précis afin de faire unir des lumières et configurations supérieures. Cet ordre et basé sur les systèmes d'ascension et d'interactions des mondes, tel qu'expliqué dans la Kabbalah.

תפילות
Tefilot
Prières
Pluriel de *Tefilah*

תרי"ג

Taryag

613

Il y a 613 veines et os à l'homme ; pareillement, il y a 613 *Mitsvot*, 613 parties à l'âme, et 613 lumières dans chaque *Sephira* ou *Partsouf*, ce nombre n'est pas arbitraire, car il y a des interdépendances et des interactions importantes entre eux.

Bibliographie

Ram'hal

כללות האילן הקדוש
פתחי חכמה ודעת
קלח פתחי חכמה
כללים ראשונים
אדיר במרום

Ari Z'al

כתבי הארי
עץ חיים
שער רוח הקודש
שער הגלגולים

ספר הזהר
The Zohar
Rabbi Shim'on Bar Yo'hai

La Kabbalah du Ari Z'al selon le Ramhal
Rabbi Raphael Afilalo, Editions Ramhal

Dictionaire de Kabbalah
Rabbi Raphael Afilalo, Kabbalah Editions

Kabbalah Glossary
Rabbi Raphael Afilalo, Kabbalah Editions

Concepts de Kabbalah
Rabbi Raphael Afilalo, Kabbalah Editions

דרך חכמת האמת לרמחל
Rav Mordekhai Chriqui, Editions Ramhal, Jerusalem

האילן הקדוש לרמחל
Rav Shalom Oulman (Jerusalem)

Tables

Âme	Monde
Ye'hidah	Atsilut
'Hayah	Atsilut
Neshama	Beriah
Roua'h	Yetsirah
Nefesh	'Asiah

Âme	Partsouf
Ye'hidah	Arikh Anpin
'Hayah	Abah
Neshama	Imah
Roua'h	Zeir Anpin
Nefesh	Nukvah

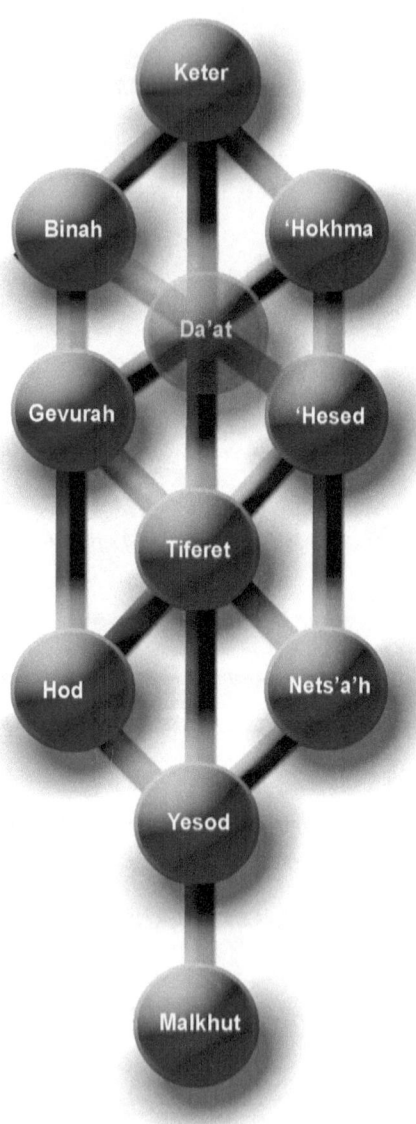

Sephira		Colonne	Position
Keter	Couronne	Miséricorde	Centre
'Hokhma	Sagesse	Bonté	Droite
Binah	Discernement	Rigueur	Gauche
Da'at	Connaissance	Miséricorde	Centre
'Hesed	Bonté	Bonté	Droite
Gevourah	Rigueur	Rigueur	Gauche
Tiferet	Beauté	Miséricorde	Centre
Netsa'h	Gloire	Bonté	Droite
Hod	Splendeur	Rigueur	Gauche
Yesod	Fondation	Miséricorde	Centre
Malkhout	Royauté	Miséricorde	Centre

Rigeur	**Miséricorde**	**Bonté**
	Keter Couronne	
Binah Discernement		**'Hokhma** Sagesse
	Da'at Connaissance	
Gevourah Rigueur		**'Hesed** Bonté
	Tiferet Beauté	
Hod Splendeur		**Netsa'h** Gloire
	Yesod Fondation	
	Malkhout Royauté	

Sephira	Metal	Direction
'Hesed	Argent	Sud
Gevourah	Or	Nord
Tiferet	Cuivre	Est
Netsa'h	Etain	Dessus
Hod	Plomb	Dessous
Yesod	Argent	Ouest
Malkhout	Fer	Centre

Sephira	Jour
'Hesed	Dimanche
Gevourah	Lundi
Tiferet	Mardi
Netsa'h	Mercredi
Hod	Jeudi
Yesod	Vendredi
Malkhout	Shabbat

Sephira	Planète
'Hesed	Lune
Gevourah	Mars
Tiferet	Soleil
Netsa'h	Venus
Hod	Mercure
Yesod	Saturne
Malkhout	Jupiter

Sephira	Correspondance Physique	Face
Keter	Tête	Tête
'Hokhma	Cerveau droit	Cerveau droit
Binah	Cerveau gauche	Cerveau gauche
'Hesed	Bras droit	Oeil droit
Gevourah	Bras gauche	Oreille droite
Tiferet	Corps	Narine droite
Netsa'h	Jambe droite	Oeil gauche
Hod	Jambe gauche	Oreille gauche
Yesod	Organe masculin	Narine gauche
Malkhout	Couronne sur l'organe masculin	Bouche

Sephira	Qualité
Keter	Ultime bonté pour tous, même aux non méritants.
'Hokhma	Bonté pour tous, même aux non méritants, mais moins que Keter, et pas toujours.
Binah	Bonté à tous, même aux non méritants, mais à partir d'elle, la rigueur commence.
Da'at	Fait l'équilibre entre 'Hokhma et Binah
'Hesed	Complète bonté, mais à qui le mérite.
Gevourah	Pleine rigueur à qui le mérite.
Tiferet	Bonté et fait l'équilibre entre la bonté et la rigueur.
Netsa'h	Bonté diminuée à qui le mérite.
Hod	Rigueur diminuée à qui le mérite
Yesod	Fait l'équilibre entre Sephira Netsa'h et Hod pour la direction
Malkhout	Traduit toutes les émanations supérieures en une qui soit reflétée à la création. C'est le lien ou le raccordement entre toutes les Sephirot et l'homme.

Index